LA GUÉRISON QUANTIQUE

Frank J. Kinslow

LA GUÉRISON QUANTIQUE

Le pouvoir de la conscience pure

Cinquième édition

LE COURRIER DU LIVRE
27, rue des Grands-Augustins
75006 Paris

Titre original : *The Secret of instant healing*

Texte traduit par Anne Clarisson
ISBN : 978-2-7029-0887-7

SOMMAIRE

Ce livre n'est pas destiné à poser des diagnostics, ni à proposer des prescriptions ou des traitements spécifiques. L'information présentée dans les pages suivantes n'a aucune vocation à se substituer aux soins dispensés par des professionnels de santé agréés.

Pour Martina, mon épouse,

l'essence même de l'innocence et l'étincelle de mon regard.

PRÉFACE

Et si je vous disais qu'en prenant simplement conscience d'un problème, vous avez la capacité de trouver la solution à ce problème ? « Ça c'est sûr », me direz-vous, « Je me rends compte qu'il y a un problème et ensuite, je prends des mesures pour y remédier. Qu'il y a-t-il d'extraordinaire à ça ? » C'est effectivement comme ça que ça se passe dans la vie, n'est-ce pas ? Mais ce n'est pas ce dont je parle. S'agissant d'un problème quelconque, si vous ne faisiez rien d'autre qu'en prendre conscience et que, sans aucun effort de votre part, la conscience se chargeait d'en trouver la solution ? Est-ce que cela vous semblerait extraordinaire ? C'est plus que certain. Et c'est bien de cela dont je parle. Qu'il s'agisse d'une inflammation du genou, d'une indigestion, d'un mal de tête, d'un sentiment de peur ou de colère, d'une relation amoureuse sur le déclin ou de la perte d'un emploi, vous avez la possibilité d'en prendre conscience d'une certaine façon, de manière à ce que le génie organisateur de la conscience puisse réparer ce qui est endommagé. Et ça, ce n'est pas simplement extraordinaire, c'est une pure merveille. Vous avez là une compétence susceptible de modifier votre univers et notre planète du tout au tout, de façon inimaginable. Vous avez là une manière de prendre la vie à bras-le-corps, qui permettrait d'adoucir et de vivifier le monde dans lequel nous vivons, d'en faire le monde dont nous rêvons. Plus simplement, le fait de prendre conscience du pouvoir de guérison et de la puissance organisatrice de la conscience est la réponse à l'ensemble des problèmes qui nous tourmentent depuis que nous sommes devenus bipèdes, projetés que nous fûmes, la tête la première dans la condition humaine.

Si vous avez l'impression que je surestime la capacité de la conscience à pouvoir mettre nos vies en harmonie avec notre sagesse intérieure, eh bien je préfère vous dire de suite qu'il n'en est rien. L'exactitude de mon affirmation se vérifie en quelques minutes. Vous avez entre les mains un petit livre qui détient un potentiel prodigieux. Je ne vous demande pas de me croire sur parole, bien au contraire. Ce que je vous propose ici est un procédé scientifiquement reproductible et accessible à tout un chacun. Tout ce dont vous avez besoin, c'est d'être conscient. Êtes-vous conscient ? Êtes-vous conscient de lire ces mots ? Savez-vous si vous vous tenez assis ou debout ? Savez-vous ce que vous êtes en train de penser en ce moment précis ? L'affaire est entendue. Rien ne vous empêche donc d'apprendre à affiner votre conscience et à guérir le corps et l'esprit, les vôtres et ceux des autres. Les étapes pour y parvenir sont d'une extrême simplicité. Avec un peu d'aide de la part de vos amis, vous voilà équipés pour transmuter les maux de l'humanité qui habite cette terre.

Êtes-vous partants ? Ne ressentez-vous pas l'excitation, l'anticipation anxieuse de la découverte immanente ? Ce qui se présente à vous au fil des pages de ce petit livre sera votre voyage à vous. Vous en connaîtrez la portée de par ce que vous serez en mesure de réaliser après l'avoir lu. Le reste est facile. Il vous suffit de tourner la page, pour que votre vie soit changée, pour toujours.

Thanksgiving, 2007

Sarasota, Floride.

CHAPITRE 1
POUR COMMENCER

« Il n'est rien qui ne livre ses secrets si vous lui portez assez d'amour. Je me suis rendu compte qu'en communiant avec les gens dans le silence, eux aussi livrent leurs secrets, si vous leur témoignez suffisamment d'amour. »

George Washington Carver

Il existe un secret précieux qui vous attend et vous espère, plus accessible que votre prochaine inspiration et plus vital que le prochain battement de votre cœur. Dès que vous aurez saisi ce secret, votre vie s'ouvrira sur des merveilles qui se situent à des années-lumière de ce que vous pensez pouvoir être possible. C'est le secret de la santé, de la joie et de la paix, et il est déjà à l'œuvre tandis que vous lisez ces lignes. Mais ce secret est tenu caché de vous. Il est caché, non pas en filigrane, dans les symboles d'un obscur parchemin enfoui dans les entrailles d'un temple ancien, juste là, juste devant vos yeux.

Ce livre sans prétention a pour ambition de vous révéler ce secret et de vous montrer comment vous pouvez faire pour y puiser matière à enrichir votre vie, celle de votre famille, de vos amis et même de vos animaux de compagnie. Dans les pages suivantes, vous apprendrez à guérir le corps, l'esprit et l'âme, avec aussi peu d'efforts que lorsque vous vous régalez devant un coucher de soleil romantique. Je vais vous expliquer un protocole scientifique qui s'apprend facilement et peut être mis en pratique par n'importe qui. Le protocole est aussi simple que le secret lui-même, et aussi puissant.

Je vous invite à ne pas sauter les étapes, mais au contraire à avancer page après page. Il n'y a que de cette façon que le secret viendra habiter votre conscience. Faites en sorte de faire chaque exercice en respectant les consignes indiquées. Vous êtes sur le point d'acquérir une nouvelle compétence et il faut un peu de pratique pour qu'elle devienne une seconde nature. Les exercices ne sont pas difficiles. À vrai dire, ils sont même plutôt agréables, nourrissants et vivifiants. Donc, tant pis pour votre impatience à faire des merveilles, prenez votre temps sur les fondamentaux. Souvenez-vous que « travail bien commencé est à moitié fait »[1].

1. NDT : « Le commencement est beaucoup plus que la moitié de l'objectif. » Aristote.

Au cours de votre voyage, vous obtiendrez d'abord de comprendre ce qu'est la conscience et où on peut la trouver.

> Ce secret est tenu caché de vous. Il est caché, non pas en filigrane, dans les symboles d'un obscur parchemin enfoui dans les entrailles d'un temple ancien, situé pourtant là, juste devant vos yeux.

Puis vous ferez la rencontre de votre secret, face à face, et vous vous en saisirez, tel un vieil ami que l'on embrasse. Enfin, vous apprendrez à l'amener au cœur de votre vie, afin de guérir le corps, harmoniser les émotions, affûter l'esprit et rendre votre vie joyeuse et productive. Bien entendu, vous serez en mesure de partager votre secret avec d'autres personnes, afin d'embellir leurs vies et de leur apporter également la guérison.

CHAPITRE 2
LE SECRET RÉVÉLÉ

« La valeur suprême d'une vie dépend du degré de conscience et de la capacité de contemplation plus que de la capacité de survie. »

ARISTOTE

J'aimerais vous poser une question très simple. La compréhension de la réponse pourrait changer votre vie pour toujours. Réfléchissez bien à ce que vous allez répondre. Puis continuez à lire. Voici la question : *Qu'est-ce qui est le plus important pour vous dans cette vie ?*

Quelle est la réponse qui vous est venue à l'esprit ? La santé ? La famille ? L'esprit ? Le travail ? Une bonne glace ? Ma réponse à la question est la conscience. Sans la conscience, vous n'êtes rien. Sans la conscience, vous ne pouvez aimer ni votre conjoint ni vos enfants, vous ne pouvez pas exercer votre métier, ni siroter votre café à la terrasse du bistrot d'en bas. Pour toutes sortes de raisons et dans des tas de situations, vous n'existez pas sans votre conscience.

La conscience n'est pas l'esprit. Si votre esprit/mental[1] devait être comparé à une ampoule électrique, on pourrait dire que la conscience représente l'électricité qui l'allume. Lorsque l'esprit est animé d'un pâle reflet de la conscience, il en résulte de la confusion, de l'incompréhension et finalement, de la souffrance. Un esprit illuminé de conscience est calme et présent. Il laisse percevoir une douceur sereine qui met les autres à l'aise. Si vous considérez la conscience telle votre « lumière intérieure », vous êtes sur le point de comprendre son importance vitale.

La qualité de votre conscience détermine la qualité de votre vie.

La qualité de votre conscience détermine la qualité de votre vie. Il est important que votre conscience soit vigoureuse et éveillée. Imaginons que vous soyez assis près d'une fenêtre, dans une pièce plongée dans le noir total. L'aurore va poindre et la lumière est sur le point de commencer à infiltrer la pièce, lorsque vous baissez la tête et voyez une forme indéfinissable à vos pieds. Fasciné, vous continuez à observer, tandis que, petit à petit, la pièce s'éclaire et que vous commencez à voir l'objet

1. NDT : « Mind », dans la pensée de l'auteur, signifie tout autant les opérations logiques et cartésiennes du mental, que l'ensemble des motivations de l'esprit dans sa globalité consciente et inconsciente, susceptibles de fournir matière à la prolifération de l'ego. L'esprit humain comprend le mental sans lui être réductible.

La qualité de conscience détermine la qualité de votre vie

plus distinctement. D'un coup d'un seul, et à votre grande horreur, vous vous rendez compte que l'objet est un serpent enroulé sur lui-même, prêt à attaquer. Vous ne pouvez plus bouger, pétrifié à l'idée que le serpent puisse bondir sur une cible en mouvement. Votre esprit affolé décharge des pensées frénétiques du style : « Le serpent est-il venimeux ? Si je bouge le petit doigt, va-t-il attaquer ? S'il mc mord, comment vais-je faire pour obtenir du secours ? » Alors, vous restez là, paralysé par la peur, tandis que la lumière poursuit lentement son incursion dans la pièce. Incidemment, vous remarquez que le serpent n'a pas encore attaqué. Vous vous détendez et vous vous mettez à réfléchir avec plus de lucidité. En un éclair, votre esprit passe en revue les scénarii possibles pour vous échapper, alors que votre corps reste parfaitement immobile et rigide. Le soleil apparaît à l'horizon et les premiers rayons de l'aube jaillissent par la fenêtre, baignant la pièce d'une lumière délicate et dorée. C'est alors que telle la lumière éblouissante de la foudre dans la nuit noire, vous vous rendez compte que le serpent n'est en fait qu'une corde enroulée sur elle-même.

Vous avez ressenti de la peur. Votre esprit s'est figé, votre sang-froid en a été ébranlé et les pensées se sont disséminées comme des morceaux de verre épars. Pendant tout ce temps, les hormones de stress affluaient dans votre système sanguin, vous préparant à la bataille. Ces quelques moments vous ont peut-être fait prendre dix ans d'un coup. Pourquoi ? Simplement parce que vous avez perçu une menace, là où il n'y en avait aucune.

On peut considérer qu'une conscience affaiblie est équivalente à l'obscurité. L'excès de travail, le manque d'exercice, la drogue, l'alcool, un régime alimentaire inadapté, la colère, la cupidité ou le chagrin sont autant d'états qui sidèrent la conscience et endommagent notre capacité à percevoir notre monde d'une façon non menaçante.

Nos vies sont remplies de menaces perçues. Nos soucis financiers, professionnels ou familiaux sont autant de serpents à nos yeux. Même au volant, pour aller à la plage ou au cinéma, la circulation est susceptible de nous mettre de mauvaise humeur, faisant grimper la tension artérielle et exploser les tempes. Nous sommes la génération qui « lutte ou qui fuit », capable de percevoir des serpents à chaque coin de rue.

Comment s'y prendre pour changer ces perceptions ? Comment faire pour apprécier la lumière claire et entière du jour et démasquer tous ces serpents pour ce qu'ils sont, c'est-à-dire de simples cordes parfaitement inoffensives. Eh bien, nous devons améliorer la qualité de notre conscience. La conscience est comme la lumière du soleil. Elle éclaire les émotions et illumine l'esprit. Les esprits tristes et les émotions troublées réfléchissent mal la conscience. Notre perception trouve son énergie dans la conscience. La conscience pure ne pourra jamais se laisser prendre à défaut par une corde.

Nous sommes la génération qui « lutte ou qui fuit », capable de percevoir des serpents à chaque coin de rue.

Nous sommes conscients de nos préoccupation, mais sommes nous conscients de la Conscience : SAINT Esprit pure

La plupart du temps nos esprits fonctionnent en mode automatique. Le vagabondage mental ininterrompu caractérise bien celui dont l'esprit a rompu ses digues. L'hyperactivité mentale est tellement commune de nos jours, qu'elle est devenue la norme. Pourtant, elle gaspille des quantités d'énergie phénoménales et nous attire en général beaucoup d'ennuis. Le fait d'avoir peur du futur ou de ressasser le passé, l'ennui, la frustration, la colère, l'anxiété et l'insécurité sont autant de symptômes du même acabit. Ce ne sont là que des cordes qui ressemblent à des serpents. Une conscience affaiblie fait de notre monde un endroit terrifiant.

La conscience est partout et constamment. Simplement, nous n'y prêtons pas attention. Je sais que ça à l'air un peu étrange, mais c'est la vérité. En temps normal, nous sommes préoccupés par les choses, les gens et les pensées qui constituent l'essentiel de notre vie au quotidien. Nous sommes conscients de ces sujets de préoccupation, mais sommes-nous conscients de la conscience ? Pas souvent. Beaucoup parmi nous ne sauraient pas reconnaître la conscience pure, dût-elle venir à nous et nous serrer la main. Tout cela va changer.

La conscience est partout et constamment. Simplement, nous n'y prêtons pas attention.

Attendez un peu. C'est tout ? C'est ça votre secret ? La conscience ? Vous êtes sûrement un peu déçu, là, maintenant, tout de suite. Je le serais également si je pensais pouvoir détenir la clé de la compréhension de l'univers, simplement en identifiant ce qui se passe lorsque cette clé est en rupture de stock. Il est probable que vous n'ayez pas non plus une idée très claire de ce dont je parle. C'est parce que l'idée de la conscience pure ne peut pas être appréhendée par l'esprit humain. On ne peut pas se représenter la conscience pure en image. La conscience n'est ni une idée, ni une émotion et encore moins une chose. Alors évidemment, lorsqu'on veut s'approprier la conscience par le mental, cela peut être frustrant. Vous ne pouvez pas saisir la conscience et vous en servir comme d'un marteau, car ça n'est pas une réalité physique. Pour autant, une fois que vous aurez expérimenté ou, plus justement, non expérimenté la conscience, tout ceci vous paraîtra clair, limpide et merveilleux.

Je sens qu'au point où nous en sommes, vous êtes un peu perplexe. C'est normal, ne vous inquiétez pas. Il n'est pas nécessaire que vous compreniez quoi que ce soit au sujet de la conscience pour que celle-ci soit à l'œuvre dans votre vie. Cela dit, il est tout de même utile d'avoir quelques connaissances sur le sujet, pour pouvoir expliquer autour de vous les raisons pour lesquelles on peut se sentir aussi bien en si peu de temps. Comme vous le découvrirez bientôt, vous ferez des miracles, cela va vous paraître facile et agréable, et la conscience pure deviendra pour vous aussi familière que le simple fait de respirer. Bien, êtes-vous partants pour quelques pages de théorie ? Ça tombe bien.

Il n'est pas nécessaire que vous compreniez quoi que ce soit au sujet de la conscience pour que celle-ci soit à l'œuvre dans votre vie.

CHAPITRE 3
LA CONSCIENCE ET L'UNIVERS

« Ne tournons pas le regard vers le passé avec colère, ni vers le futur avec crainte, mais autour de nous en conscience. »

James Thurber

« Dès lors que l'on s'absorbe dans la contemplation d'un objet, ne s'agirait-il que d'un simple brin d'herbe, celui-ci devient à lui seul tout un monde mystérieux et stupéfiant, d'une indescriptible magnificence. »

Henry Miller

Tout d'abord, jetez un œil au *schéma n°1*, page 27, intitulé « *Modélisation de la matière.* » Regardez d'abord la ligne horizontale située en bas du schéma. Cette ligne représente la séparation entre le monde sensible des choses créées et le néant à l'origine de leur création. Au-dessus, l'infini de la création et au-dessous, la demeure illimitée de la conscience pure.

La conscience pure est une et ne correspond à aucune forme. Ce qui veut dire qu'elle ne possède pas de frontières définies que notre esprit puisse identifier. Notre esprit fonctionne avec des objets qui peuvent être différenciés par leurs formes respectives. Nos esprits sont les contenants de nos pensées et de nos émotions. Nos esprits restent en contact avec le monde matériel au travers de nos sens. Du fait de leurs différences, nous sommes capables de distinguer une baguette de pain d'un crapaud. Cela peut certes sembler simpliste, mais le fait est que la fonction de l'esprit/mental est de faire la distinction entre différentes formes, de les étiqueter et de les faire entrer dans des catégories, afin de les utiliser ou de les archiver en vue d'un usage ultérieur.

L'ensemble de ce processus est pris en charge par la pensée, qui lui donne sa forme. Les pensées et les émotions sont des formes mentales. Les idées, les croyances, les espoirs et les philosophies constituent un assemblage de pensées autour d'un thème central, à peu près de la même façon qu'une chaise est constituée d'un assemblage de molécules, conçu autour de l'idée de vous fournir un support en position assise.

Nous retournons ds un ordre absolu Non objet, Amour inexprimé, Non-expérience

SCHÉMA N°1 – MODÉLISATION DE LA MATIÈRE

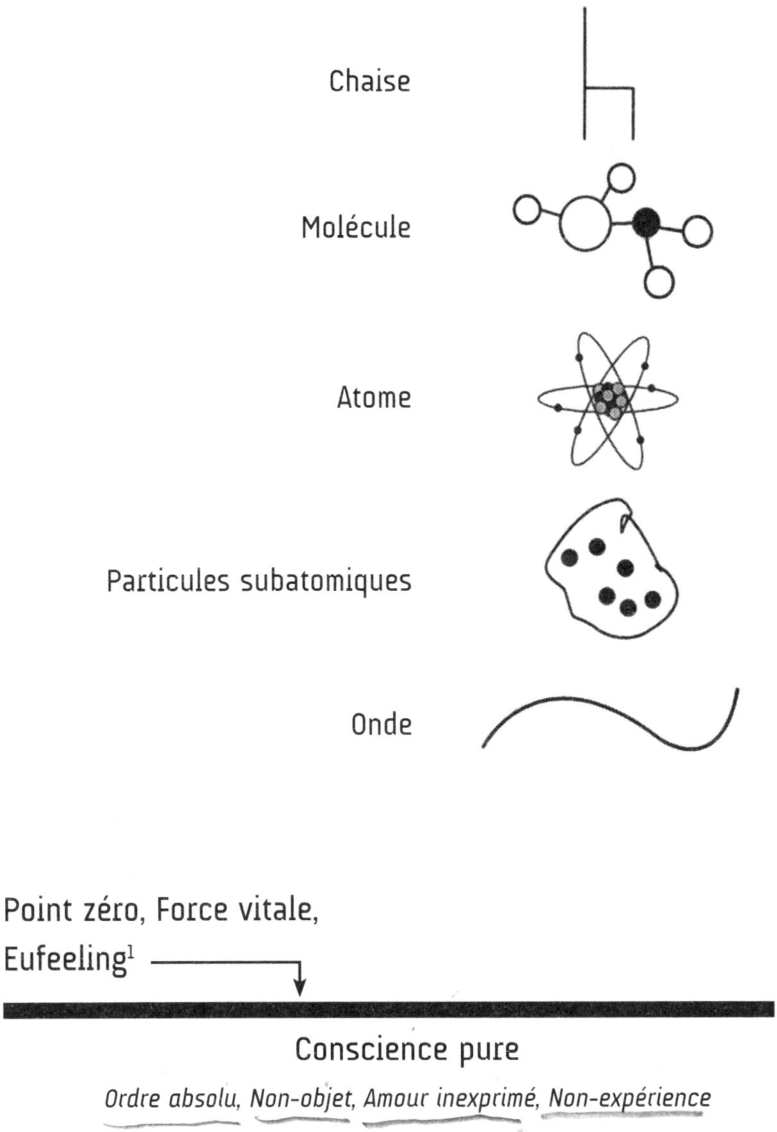

1. NDT : « Eufeeling ™ » en anglais, est issu de deux mots anglais, « euphoric » et « feeling », associés pour désigner un sentiment d'euphorie ou de 'joie sans raison', dont la qualité particulière est spécifique à l'état de perméabilité à la conscience pure.

Les pensées ne sont pas tangibles comme le sont les objets matériels, mais elles n'en sont pas moins des objets pour autant. Il est important de comprendre que tout objet de l'univers est original et unique. Chaque objet s'identifie en fonction de sa forme, laquelle est unique et distincte de celle des autres.

Au-dessous de la ligne horizontale, on s'aperçoit que la conscience pure ne se distingue par aucune forme. Vous pouvez vous la représenter telle une page blanche, sur laquelle les mots doivent être écrits. La conscience n'a pas de forme, elle est illimitée, indifférenciée et pure. Elle est une et indivisible. Dans la mesure où la conscience n'a pas de forme, elle ne peut pas être reconnue par nos esprits. Vous pouvez toujours vous atteler à la tâche, jamais vous ne pourrez comprendre la conscience. Vous ne pourrez pas non plus la contrôler ou la manipuler. La conscience n'existe pas en tant qu'objet, et pour ce qui est de votre esprit/mental, elle n'existe pas. Et pourtant, elle existe bien.

Voilà donc toute l'étendue de la tâche qui nous attend. Nous devons trouver quelque chose qui n'a ni forme ni substance. Puis nous devons parvenir à connaître ce « non-objet », plus intimement que notre propre esprit. Enfin, nous avons à nous servir de cette non-force inutilisable afin de nous guérir, nous-mêmes et les autres. Est-ce que vous commencez à comprendre pourquoi ce savoir est tenu secret ? Ce secret n'a d'existence que parce que nous vivons par nos esprits, inconscients de l'existence de la conscience.

En dépit de toute l'expérience d'une vie tendant à démontrer le contraire, nous croyons nos esprits sur parole, lorsqu'ils nous disent que la joie qui dure, la paix et l'amour viennent des objets. Nous nous laissons berner, encore et toujours. Et nous croyons notre esprit/mental lorsqu'il nous dit qu'il n'est rien qui n'ait pas de valeur. C'est pourtant le cas.

> En dépit de toute l'expérience d'une vie tendant à démontrer le contraire, nous croyons notre esprit/mental sur parole, lorsqu'il nous dit que la joie qui dure, la paix et l'amour viennent des objets.

La conscience pure ne connaît pas de frontières définies. Rien ne peut donc changer, s'agissant de la conscience. Ce type de néant dure toujours. Toutes les autres choses, c'est-à-dire la création dans son ensemble, change au contraire et finit par cesser d'exister. Le changement est la seule constante qui existe au royaume de la création. À l'instant même où une chose est créée, elle commence son voyage vers l'extinction. La conscience pure ne change jamais et ne meurt jamais. Elle est le domaine de l'amour immortel et de la paix illimitée.

Et c'est là que ça se complique. Toute chose ayant une forme provient de la conscience pure et sans forme. Ne me demandez pas comment, c'est comme ça. Les circonvolutions de la création sont l'invention de la matrice de la conscience pure. La physique quantique a découvert le royaume de la conscience pure, en théorie tout du moins. David Bohm[1], l'un des plus éminents théoriciens en physique quantique, identifia un « tout illimité » au sein duquel est contenu un ordre implicite. À ne pas confondre avec la notion de point zéro ou d'état quantique qui correspond au niveau d'énergie minimal d'une particule ou d'un objet. L'état auquel Bohm fait référence ne contient aucune énergie. Pour dire les choses simplement, cet espace contient la substance silencieuse et immatérialisée de la création, en attente de devenir forme et énergie. Ce que Bohm est donc en train de nous dire, c'est que tout vient de rien. Il l'affirme et j'en profite pour induire mon propos, affirmant également que la création jaillit du néant de la conscience pure. Vous en ferez d'ailleurs l'expérience un peu plus tard, lorsque vous apprendrez à faire cesser vos pensées puis à les observer renaître et se reformer à partir de rien. Pour le moment, revenons au monde sensible de la création, tel qu'il est figuré au-dessus de la ligne horizontale du schéma.

Chaque objet de la création exprime deux qualités : l'ordre et l'énergie. Pour en faire la démonstration, je vous propose de prendre comme exemple le siège sur lequel vous êtes assis. Ce que vous considérez comme étant votre siège se trouve en fait être de l'énergie sous la forme d'un siège. Nous savons qu'il manifeste de l'énergie puisqu'il permet à votre postérieur[2] de rester en l'air. (poétique, n'est-ce pas ?)

1. NDT : David Bohm, voir glossaire.
2. NDT : « derrière » en français, dans le texte, suggérant que l'auteur utilise une langue étrangère pour produire un effet de style amusant.

Selon l'équation énergie/ordre, l'ordre s'exprime sous la forme de votre siège. Que nous nous référions à des étoiles ou à des atomes, à des amibes ou à des zèbres, cela ne fait donc aucune différence, puisque chaque chose est à la fois énergie et forme.

> Les circonvolutions de la création sont l'invention de la matrice de la conscience pure.

La forme la plus élémentaire de la création est l'onde. Sur l'échelle de la création, juste avant l'onde et juste après la conscience pure, on trouve le champ du point zéro ou autrement dit, l'état quantique. Ceci est un détail jubilatoire, destiné à ceux qui connaissent la théorie des quanta et souhaitent avoir une meilleure vision de mon propos. Si votre domaine de prédilection appartient plutôt au domaine des sciences de santé holistique, sachez que l'on se réfère souvent à ce niveau premier de la création comme à la force vitale, celle qui insuffle la vie dans les organismes vivants. L'onde en soi est illimitée et s'étire indéfiniment. À l'endroit précis où les ondes se croisent, naissent des particules subatomiques. Lorsque ces particules deviennent plus compactes, des atomes se forment. Les atomes s'assemblent pour former des molécules et les molécules se combinent les unes aux autres, donnant naissance à différentes formes physiques, comme les voitures, les chaises ou les fleurs.

Chaque objet de la création exprime deux qualités : l'ordre et l'énergie.

Dans notre hiérarchie basée sur le rapport ordre/énergie, plus l'ordre exprimé par un objet est tangible, moins il dispense d'énergie. Votre siège est beaucoup plus dense qu'une particule subatomique. Les particules subatomiques sont d'étonnants petits bonshommes fuyants. Si tant est que vous ayez pu localiser une particule subatomique, vous ne pourrez pas savoir à quelle vitesse ni dans quelle direction elle se déplace. De même, si vous chronométrez sa vitesse exacte, vous ne pourrez pas la trouver. Au moment de la corvée de vaisselle, mes enfants se comportaient exactement comme des particules subatomiques adolescentes. Lorsqu'ils étaient en mouvement, ce qui s'avère être une qualité nécessaire dans la situation envisagée, il était impossible de mettre la main dessus. En revanche, si vous arriviez à définir leur position exacte, par exemple sur le canapé devant la télé de préférence, il était impossible de leur faire lever le petit doigt. Rétrospectivement, je n'en reviens pas de la quantité de concepts scientifiques maîtrisée par mes enfants à cette époque. L'inertie, l'entropie, ainsi qu'en particulier, le théorème d'indétermination d'Heisenberg. Je leur dois beaucoup, vraiment.

Bien, revenons à notre idée de l'énergie et de la matière. Plus on descend dans les échelons de la création, plus on trouve de l'énergie. Au niveau purement matériel où nous

nous situons, l'énergie du siège sur lequel vous êtes assis fournit un support à votre propre poids. Au niveau infiniment plus petit de la dimension moléculaire de votre siège, nous sommes susceptibles de rencontrer une énergie plus immédiatement disponible. Si nous réorganisions ces molécules, disons en y mettant le feu, nous pourrions libérer une énergie bien plus considérable, sous la forme de lumière et de chaleur. Si, à partir de ce siège, nous voulions libérer encore plus d'énergie, autant descendre au niveau de l'atome. Si nous savions comment éclater les atomes constitutifs de votre siège, nous pourrions libérer des quantités phénoménales d'énergie sous un grand nombre de formes différentes.

Plus on descend dans les échelons les plus infimes de la création, plus on trouve d'énergie.

J'ignore si des études ont été réalisées sur la possibilité de maîtriser l'énergie des particules subatomiques, mais ce que je sais, par contre, c'est qu'il existe des technologies qui utilisent l'énergie transportée par les ondes. Il s'agit là du domaine de prédilection des énergéticiens, et nous aurons l'occasion d'explorer ce type de travail ultérieurement, lorsque nous apprendrons comment soigner sans énergie.

Ma question est la suivante : vous est-t-il jamais arrivé d'être à court de pensées ? Cela m'étonnerait. S'il est une chose que nous pouvons affirmer sur nos pensées, c'est que de notre premier souffle au dernier, elles sont toujours présentes.

Si les pensées sont de l'énergie et qu'elles ne font jamais défaut, alors il va de soi que la source de nos pensées est une source d'énergie inépuisable. Il apparaît également que nous aurions tout intérêt à pouvoir piocher directement à la source de la pensée. Or, il s'avère que la découverte de cette source exerce une influence curative puissamment tangible et positive sur diverses affections d'ordre physique, ainsi que sur les relations interpersonnelles, la santé émotionnelle, la santé financière et même sur notre vie amoureuse. Oui, vous avez bien lu. Tous les aspects de notre vie se trouvent merveilleusement transformés dès lors que nous prenons conscience de l'origine de toute chose. Je vous présente la conscience pure, notre compagne omniprésente.

Si les pensées sont de l'énergie et qu'elles ne font jamais défaut, alors il va de soi que la source de nos pensées est une source d'énergie inépuisable.

Nous avons vu à l'instant que les échelons les plus infimes du monde matériel transportent l'énergie en plus grande quantité. Mais d'où vient toute cette énergie ? Nous savons à présent qu'elle vient de la conscience pure. Par définition, la création correspond au mouvement de l'énergie présentée de manière plus ordonnée, ou plus organisée. À ce stade, il est un point important qu'il nous faut bien comprendre : la conscience pure est la source de l'énergie, sans pour autant être de l'énergie. Cela signifie qu'elle n'est pas en mouvement. Elle possède le potentiel de créer, mais elle ne l'a pas encore fait. Elle n'a pas non plus de forme. On pourrait dire que la conscience pure se définit comme la perfection existante et en attente de s'exprimer.

> La conscience pure est la source de l'énergie, sans pour autant être de l'énergie.

Peut-être que vous êtes en train de vous demander où je peux bien vouloir en venir avec tout ça. Je suis content que vous posiez la question. Si vous voulez lancer vos dés uniquement dans le champ relatif de la vie telle que nous la connaissons, mais je vous en prie, faites-donc. Mais si vous désirez au contraire disposer d'un pouvoir inégalé et souhaitez l'avènement d'un ordre parfait, vous devez entrer en contact avec la source de toute connaissance, c'est-à-dire la conscience pure. Il existe des milliers de pratiques de soin, qui agissent à différents niveaux de la réalité vivante. Les médecines alternatives, les techniques corporelles telles que l'ostéopathie et la chiropratique, ont toutes une action efficace au niveau corporel. Les plantes et les médicaments agissent au niveau moléculaire. L'acupuncture et le travail énergétique fonctionnent avec l'énergie transportée au niveau des ondes. Mais aucune de ces méthodes n'est conçue pour puiser ses principes directement à la source de la création. Ce livre veut vous enseigner la science du soin par la conscience. J'ai appelé cette méthode le Quantum

Entrainment[1]. Souvenez-vous que la conscience pure est la source de l'ordre et de l'énergie. Lorsque vous pratiquez le Quantum Entrainment, vous puisez dans l'existant le plus pur et le plus puissant dont vous puissiez disposer. Lorsque vous utilisez le Quantum Entrainment, ce n'est pas vous qui guérissez, c'est la conscience qui le fait. Qui plus est, vous profitez de cette guérison, tout autant que les personnes qui vous demandent de l'aide. Il s'agit donc d'une relation gagnant-gagnant.

1. NDT : « Quantum Entrainment® » : Nom protégé que l'on peut traduire par « entraînement quantique ».

La pensée est un réflexe

CHAPITRE 4
L'ESPRIT ET LES PENSÉES

« L'ancêtre de toute action est une pensée. »
Ralph Waldo Emerson

« La question est la suivante : Êtes-vous en mesure de prendre conscience du caractère réflexif de la pensée, qu'il s'agit là d'un réflexe … et on pourrait dire que tant que les réflexes sont libres d'évoluer, alors il doit exister une sorte d'intelligence ou de perception, quelque chose qui se situe un peu au-delà du réflexe, qui serait capable de voir s'il est cohérent ou non. »
David Bohm

Votre esprit/mental est un objet qui a été créé. Cet objet n'est pas corporel comme l'est votre chair. Il s'agit d'un objet mental et non physique. Mais comme la matière, votre esprit est à la fois ordre et énergie. Votre esprit constitue un contenant pour vos pensées. Une pensée est un phénomène particulièrement intéressant. Lorsque j'étais avec le Yogi Maharishi Mahesh, au début des années 70, j'ai passé cinq mois à méditer dans la petite ville ensommeillée de La Antilla en Andalousie. Je méditais dix heures, parfois douze heures par jour. Au bout de quelques semaines, le flot de mes pensées s'est raréfié et j'ai commencé à comprendre comment mon esprit fonctionnait. C'est à cette occasion, que j'ai découvert la naissance de la pensée. Chaque pensée nouvellement créée était un point d'énergie affleurant, comme une aspérité au seuil de la conscience pure. Attentif, je l'observais et la regardais prendre de l'ampleur, puis révéler son contenu. À l'intérieur de chaque forme pensée se trouvait une vibration qui représentait une émotion, une logique et chacun des cinq sens. Chaque pensée est une galaxie dans l'univers de l'esprit.

SCHÉMA 2 – MODÉLISATION DU MENTAL

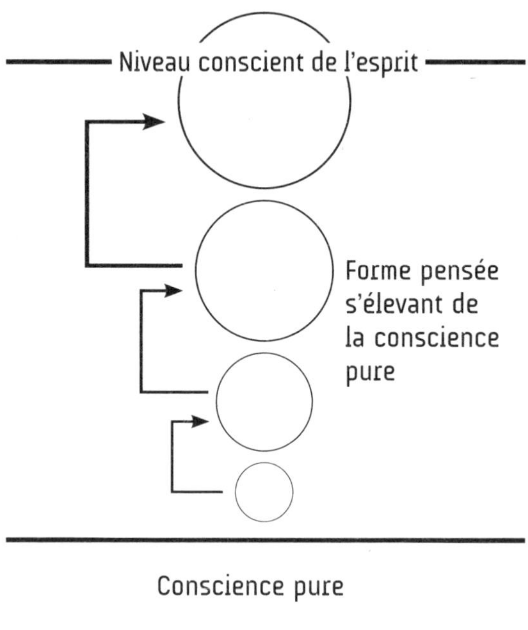

C'est à l'instant précis où la pensée se sépare du Tout que l'ego vient au monde

Une fois constituée, la pensée coupait son cordon ombilical, se détachait de la mère conscience et se mettait à monter et à se dilater comme une bulle émergeant du fond d'un étang. C'est à l'instant précis où la pensée se sépare du Tout que l'ego vient au monde. Plus elle se dilate, plus la pensée énergie se disperse alentour, et plus elle s'éloigne de sa source et perd de sa puissance. À ce stade-là, elle est sujette à des déformations et à des perversions de toutes sortes. Enfin, la pensée éclate comme une bulle à la surface de l'esprit. Plus tard, Maharishi m'a dit que lorsque la bulle pensée éclate, c'est que l'esprit a pris conscience de la pensée, lorsqu'elle est arrivée à la fin de son voyage. À partir de ce moment-là, nos pensées sont conscientes, et nous nous y conformons. Grâce à l'expansion de ma conscience rendue possible par la méditation, j'étais en train de faire l'expérience à la fois de la naissance et de la mort de mes pensées.

> Votre esprit est un contenant pour vos pensées. Chaque pensée est une galaxie dans l'univers de l'esprit.

À chaque pensée sont associés un type d'émotion dominante et une vibration sensorielle particulière. Au cours du trajet vers la surface, les vibrations interagissent les unes avec les autres et se modifient. Ce sont les caractéristiques de la vibration dominante qui donnent à la pensée, l'orientation qu'elle prendra dans l'action. J'ai également vu une sorte de matrice au travers de laquelle les pensées passaient et finissaient par éclore à notre conscience. Lorsque le processus interne avait été altéré, cette matrice avait la capacité de réorganiser les vibrations et de modifier la tendance. Selon Maharashi, c'est là le fait de l'intellect, qui filtre et harmonise les pensées afin qu'elles favorisent la santé et le bien-être.

Il y a beaucoup à apprendre de cette expérience, mais pour mieux servir notre propos, j'aimerais que nous fixions notre attention sur un seul point. Plus une pensée s'éloigne de la conscience pure, plus elle s'affaiblit, et plus elle est susceptible de devenir toxique. Ce que nous appelons les pensées négatives ne commencent pas de cette façon. Elles sont déformées par la pression interne et le déséquilibre exercé par la peur et le malentendu. Dès sa naissance, une pensée fait l'expérience d'une sorte d'anxiété de séparation. Le Bhagavad-Gita[1] formule les choses de cette façon : « La peur naît de la dualité. » Lorsqu'elle n'est plus attachée à l'unicité illimitée de la conscience, la nouvelle pensée perçoit qu'elle est seule et elle s'efforce de compenser ce qu'elle a perdu. C'est là que des distorsions peuvent infiltrer cette pensée, si parfaite dans d'autres conditions. Une pensée répugnante est la cause d'une action répugnante. Il suffit de regarder autour de soi pour se rendre compte que les pensées réellement aimantes, productives et harmonieuses trouvent rarement leur expression dans notre quotidien.

1. NDT : Le Bhagavad-Gita, terme sanscrit se traduisant littéralement par « Le chant du bienheureux » est la partie centrale d'un poème épique considéré comme l'un des écrits fondamentaux de l'Hindouisme et un abrégé de la doctrine védique. (source : Wikipédia)

> Plus une pensée s'éloigne de la conscience pure, plus elle s'affaiblit et plus elle est susceptible de devenir toxique.

Vous pensez peut-être que je personnifie à l'excès le parcours de vie de nos pensées ou que j'attribue plus d'intelligence que nécessaire au processus, mais n'oubliez pas que c'est l'amalgame de ces pensées qui vous a justement amené là où vous en êtes aujourd'hui. La plupart des gens forgent leur identité sur les pensées qu'ils nourrissent. Vous vous dites : « Je réussis bien dans mon travail. Je suis pour l'école alternative. J'ai faim. » Mais faire preuve de succès, de croyances ou de réussite est-il bien nécessaire, puisque tout le long du chemin, ce sont vos pensées qui forment et guident votre épanouissement, ou son défaut d'ailleurs ? Plus le chemin est long, de la conscience pure vers la conscience humaine, plus la forme-pensée est susceptible de perdre son harmonie. Si nous pouvions élargir notre conscience de manière à entrer en contact avec la pensée au plus près de son origine, alors nous limiterions la probabilité de dissonances. Ce n'est pas nouveau. Cela fait des lustres que les sages nous invitent à emprunter ce chemin. Le problème n'est pas de savoir quoi faire, mais comment le faire. Nous nous sommes mis dans un drôle de pétrin, car nous n'avons pas bien compris le rôle de la conscience dans l'émergence de la pensée. Mais il ne s'agit pas seulement de compréhension. La compréhension se produit dans le lieu de l'esprit. La conscience pure se situe au-delà de l'esprit. Chercher à la comprendre est donc hors de question.

La plupart des gens forgent leur identité sur les pensées qu'ils nourrissent.

L'expérience de la conscience pure reste la seule alternative. Et ce n'est pas si simple que ça. En effet, pour faire l'expérience de quelque chose, nous avons besoin de notre cerveau. Et c'est là que se situe l'un des principes majeurs, parmi les moins bien compris de par le monde, en matière de connaissance de la conscience. On ne peut pas faire l'expérience de la conscience pure. On ne peut l'appréhender que par l'absence d'expérience. Quelle que soit la teneur du raisonnement, je ne connais aucune explication qui puisse vous donner de comprendre la non-expérience de la conscience pure et je m'en tiendrai là pour l'instant. Pour le moment, je vais vous montrer comment arrêter le flot de vos pensées et découvrir par vous-même d'où viennent vos pensées.

On ne peut pas faire l'expérience de la conscience pure. On ne peut l'appréhender que par l'absence d'expérience.

CHAPITRE 5
L'INTERVALLE ENTRE DEUX PENSÉES

« Nous devons apprendre à nous éveiller de nouveau et à rester éveillés,
non pas grâce à une assistance mécanique,
mais grâce à notre espérance infinie de l'aube. »
HENRY DAVID THOREAU

« Si nous pouvions voir clairement le miracle que représente une seule fleur,
toute notre vie s'en trouverait modifiée. »
BOUDDHA

Lorsque nous entrons en contact avec une pensée, plus nous sommes proches de la conscience pure, plus celle-ci est riche d'énergie et d'ordre. Entrer en contact avec une pensée dès sa conception équivaut à atteindre la perfection, sans risque d'influence dissonante. Avant d'apprendre le Quantum Entrainment, je vous invite à me suivre au travers de quelques exercices de difficulté progressive, destinés à éveiller votre conscience ordinaire à l'existence de la conscience pure. Lorsque vous aurez fait le chemin une fois et rien qu'une seule, vous serez à jamais conscient de l'existence de la conscience pure. Ce sera ni plus ni moins comme le fait de porter une veste par temps frais. Une fois que vous l'avez mise, elle est là pour vous garder bien au chaud. Mais lorsqu'il vous arrive d'oublier que vous l'avez sur le dos, elle est pourtant bel et bien là pour vous protéger. Quand vous en avez envie, vous pouvez prendre conscience du fait que vous portez votre veste. De la même manière, lorsque vous avez trouvé une fois la conscience pure, il vous suffit d'en prendre conscience à nouveau pour savoir qu'elle est toujours avec vous. On s'y met ? Très bien, alors, allons-y.

EXPÉRIENCE N°1 : ARRÊTER LE FLUX DES PENSÉES ET TROUVER LA CONSCIENCE PURE.

Asseyez-vous, installez-vous confortablement et fermez les yeux. Maintenant, portez toute votre attention sur vos pensées. Suivez-les simplement, peu importe le lieu où elles vous mènent. Observez-les arriver et repartir. Après cinq ou dix secondes d'observation, posez-vous la question suivante, puis soyez très attentif à ce qui se produit immédiatement après vous être posé la question. Voici la question : « D'où la pensée suivante va-t-elle venir ? »

Que s'est-t-il passé ? N'y-a-t-il pas eu une sorte de coupure très courte, tandis que vous attendiez la manifestation de la pensée suivante ? Avez-vous remarqué une sorte d'espace, d'intervalle situé entre la question et la pensée qui est arrivée ensuite ? Pas de souci, relisez la consigne et refaites l'exercice. Je vous attends.

Et maintenant, n'avez-vous pas remarqué une légère hésitation dans le fil de vos pensées, comme une pause entre deux pensées. Si vraiment vous êtes resté attentif à ce qui se passe immédiatement après avoir posé la question, vous aurez remarqué que votre esprit était tout bonnement en train d'attendre que quelque chose se produise. Eckhart Tolle, l'auteur de *Le pouvoir du moment présent*[1], compare ce phénomène à l'image d'un chat à l'affût devant un trou de souris. Vous vous teniez éveillé et dans l'expectative, mais il n'y avait aucune pensée dans l'intervalle. Vous avez peut-être entendu dire qu'il faut des années de quasi-ascèse pour libérer l'esprit de toute pensée et pourtant, vous venez d'y parvenir en moins de temps qu'il ne faut pour le dire.

N'hésitez pas à faire cet exercice plusieurs fois de suite. Vous pouvez trouver des questions subsidiaires, telles que « de quelle couleur sera la prochaine pensée ? » ou bien « quel sera son odeur ? » ou encore « quel visage aura-t-elle ? » Le type de question n'a aucune importance, c'est la qualité de votre attention qui en a. L'attention révèle l'intervalle, l'espace qui existe entre deux pensées. *Cet intervalle est fait de conscience pure.* Fugace, peut-être, mais bien présent, à

1. NDT : *Le pouvoir du moment présent*, Eckhart Tolle, éditions Ariane, novembre 2000.

n'en pas douter. Entraînez-vous régulièrement à prendre conscience de cette pause mentale et vous verrez que le retour sur investissement ne se fera pas attendre.

Remettons-nous au travail. Refaites de nouveau l'exercice pendant deux ou trois minutes, en vous posant toujours la même question, approximativement toutes les quinze secondes. Prêtez attention à l'intervalle lorsqu'il se présente et recherchez-le lorsqu'il ne s'est pas manifesté. Au bout de quelques minutes, vous remarquerez combien votre mental est apaisé et votre corps plus détendu.

Et pourquoi ça ? Votre objectif n'était certes pas de vous détendre ni de vous calmer. Cela s'est produit naturellement, sans effort de votre part. Qu'est-ce qui fait que notre humeur et notre comportement soit à ce point modifiés, du simple fait que nous prenions conscience de l'existence de la conscience ? Par votre prise de conscience, vous vous êtes rendu capable d'entrer en contact avec vos pensées, à des niveaux plus affinés et plus subtils. Chaque niveau descendant vers la source contient une plus grande quantité d'ordre et d'énergie. L'intervalle que vous avez repéré entre les pensées correspond à l'expérience de la non-expérience, dont je vous ai parlé plus haut. Cet état de non-expérience correspond à l'état de conscience pure.

SCHÉMA 3 – L'INTERVALLE

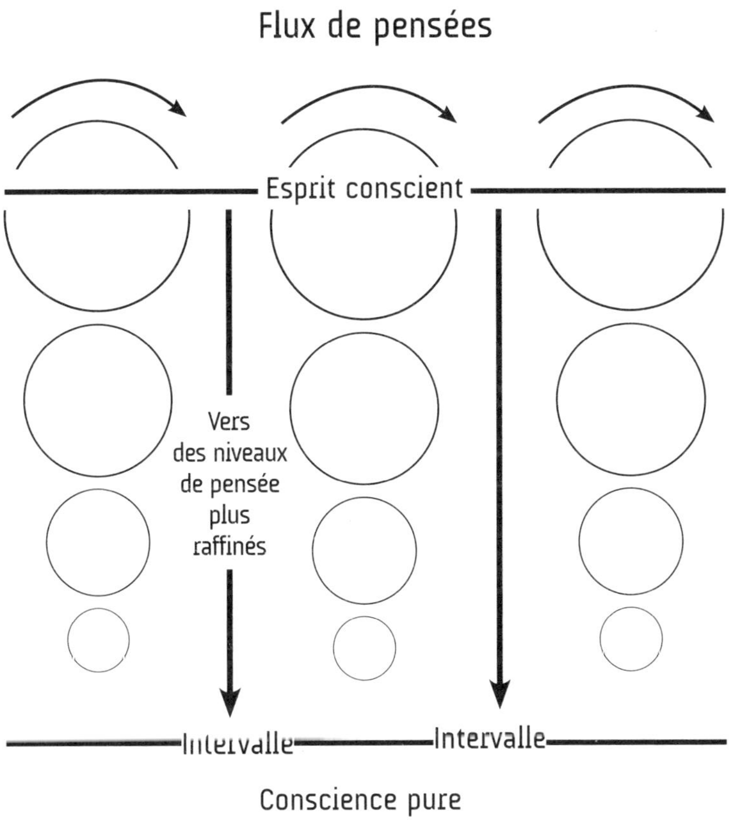

Régulièrement et tout au long de la journée, accordez-vous une séance de méditation d'une minute, durant laquelle vous interrogerez votre esprit à peu près toutes les quinze secondes. Rapidement, vous verrez que vous serez conscient de l'intervalle que vous avez découvert entre les pensées, même pendant que vous êtes en train de faire la conversation ou de conduire. Si votre action devait se limiter à observer simplement et régulièrement ce bref intervalle apparaissant entre deux pensées, vous constateriez au fil du temps un regain considérable d'énergie, une diminution du stress et une aisance accrue dans vos relations interpersonnelles. Peut-être bien que votre humeur changera du tout au tout et vous vous découvrirez limite espiègle, même ! Eh oui, ça rend primesautier de se sentir bien ! Vous devez comprendre que cette perception de vous-même n'est que l'avant-goût fondateur de ce qui s'annonce et promet des expériences encore plus enrichissantes. Il n'en reste pas moins que cet exercice à lui seul vaut déjà bien le détour. Prenons maintenant le temps de développer notre connaissance acquise sur la source de toute pensée et voyons tout ce qu'elle peut nous apporter.

L'intervalle que vous avez repéré entre les pensées correspond à l'expérience de la non-expérience. Cette non-expérience correspond à la conscience pure.

CHAPITRE 6
QUI SUIS-JE ?

« Une vie qui n'est pas introspective ne vaut pas d'être vécue. »
« La seule vraie sagesse qui soit, se trouve dans le fait de savoir que l'on ne sait rien. »
SOCRATE

Il y a de cela quelques années, Socrate nous enjoignait de nous interroger à l'aide du fameux : « Connais-toi toi-même. » Vous êtes-vous jamais demandé pourquoi il sentait que c'était si important ? Qu'est-ce qui pouvait bien devoir advenir, dussions-nous mieux connaître le Soi en nous ? Et qu'est-ce donc d'ailleurs que ce fameux Soi dont on nous parle ? Voyons-voir.

Refaites *l'expérience n°1 : Comment trouver la conscience pure* et retrouvez l'intervalle qui apparaît entre les pensées. Exercez-vous pendant quelques minutes, en n'omettant pas de vous poser les questions qui mettent en conditions l'apparition de l'intervalle. Posez-vous une question environ toutes les quinze secondes et rappelez-vous qu'il faut être *particulièrement attentif à ce qui se produit juste après avoir posé la question.*

D'un point de vue expérimental, ce fameux intervalle, qui se manifeste entre les pensées, ne présente rien de particulièrement extraordinaire. Il s'agit simplement d'un espace dépourvu de tout mouvement d'ordre mental et qui se manifeste après qu'une pensée a disparu et juste avant que la suivante apparaisse. Puisque aucune pensée n'a cours durant cet intervalle entre les pensées, vous ne pouvez en prendre conscience avant que vous ne vous remettiez à penser et encore, pas toujours. L'esprit suit le mouvement. L'esprit est assujetti au mouvement et à la forme, tandis que l'intervalle ne dépend d'aucun des deux. Il ne contient rien. Et « rien », signifie, eh bien, que vous n'avez rien à l'esprit. Grave erreur ! Voici pourquoi. Toutes les pensées hébergées par le mental viennent de ce « rien » que nous avons identifié comme étant la conscience pure. Vérifiez par vous-même. Reproduisez l'exercice et constatez l'existence de l'intervalle. Automatiquement et sans aucun effort de votre part, la pensée suivante apparaît spontanément. Hop ! La voilà, une pensée toute nouvelle et toute neuve. À bien y regarder, cela relève du miracle, pensez-y. Chaque nouvelle pensée est une merveille de la création et le fait est, qu'elle vient de « rien ». Par conséquent, « rien » ne peut pas être vide. Il doit bien y avoir quelque chose dans ce « rien », qui, dans le cas contraire, ne pourrait produire une pensée. Déconcertant, non ?

> Puisque aucune pensée n'a cours durant cet intervalle entre les pensées, vous ne pouvez en prendre conscience avant que vous ne vous remettiez à penser.

Reproduisez l'expérience n°1 deux ou trois fois. Surtout, rappelez-vous d'être attentif et attendez de voir ce qui se produit. Maintenant, l'intervalle entre les pensées n'a plus aucun secret pour vous. Voici venu le moment de vous poser la question à 100 000 euros : qui donc est en train d'observer l'intervalle ? Il n'y a là aucune pensée existante, aucune émotion et aucun mouvement de quelque ordre que ce soit… Mais vous, vous êtes là, non ? Vous ne vous êtes pas soudainement évanoui ni métamorphosé en je-ne-sais-quoi. Vous étiez présent et à l'affût de la prochaine pensée qui allait vous venir à l'esprit. Qui était présent ? Qui est donc ce « vous » ? Qui est donc présent lorsque l'esprit n'est plus ?

Lorsque vous vous identifiez à vos pensées, bien ennuyé que vous êtes avec vos plans sur la comète, vous faites référence au « moi ». Le « moi » est constitué d'un certain nombre de « choses », telles que votre âge, votre sexe, vos préférences et vos amours, vos espoirs et vos souvenirs, c'est-à-dire un assemblage d'éléments que vous appelez votre vie. Mais rien de tout cela n'a d'existence au moment où vos pensées s'arrêtent. Pour pouvoir observer, vous devez être conscient, n'est-ce pas ? Et donc au moment précis où votre esprit ne fonctionne plus, vous n'êtes conscient de rien en particulier. À ce moment-là, il n'existe rien d'autre que la conscience pure. Vous venez de résoudre à l'instant le mystère de votre existence : Vous êtes conscience !

Qui est l'observateur au moment où le mental ne fonctionne plus ?

Ça vous paraît impossible ? Et pourtant les faits sont là. C'est votre perception directe qui permet de révéler que le Soi est conscience. C'est exactement ça. Avant que le « moi » ne vienne au monde et façonne l'image à laquelle vous vous identifiez, il y avait le Soi solitaire, la conscience pure. Et c'était là tout ce dont il s'agissait, lorsqu'il il y a 2500 ans, Socrate sondait son entourage avec ses fameuses questions. Il invitait les gens, non seulement à considérer le contenu de leurs pensées, mais aussi leurs pensées elles-mêmes. À présent, vous et moi savons que cela conduit très vite à la découverte de la conscience pure, le Soi inhérent et indivisible.

Attardons-nous un peu plus sur cette idée selon laquelle nous serions conscience pure. Prenez un peu de temps et repensez à votre vie. Passez votre enfance en revue, ainsi que certains moments de votre adolescence. Remémorez-vous ensuite des évènements relatifs à la période où vous étiez dans la trentaine, dans la quarantaine et ainsi de suite, jusqu'à ce que vous arriviez à l'âge que vous avez aujourd'hui.

Réfléchissez à ce que vous faites à cet instant précis. Au cours de votre vie, vos centres d'intérêts et vos sentiments ont évolué, votre corps a grandi puis vieilli, votre famille s'est agrandie, des amitiés se sont créées et défaites. Mais il y avait une partie de vous-même qui demeurait avec vous aussi loin que vous vous en souveniez et qui, aujourd'hui, demeure avec vous. Les différentes périodes de votre vie se sont enchaînées, mais cette part de vous-même est restée inchangée durant tout le chemin de votre vie.

> Le « moi » est constitué d'un certain nombre de « choses », telles que votre âge, votre sexe, vos préférences et vos amours, vos espoirs et vos souvenirs, c'est-à-dire un assemblage d'éléments que vous appelez votre vie.

À chaque étape et même à chaque seconde de votre vie et tandis que votre corps/esprit s'absorbait à devenir ce qu'il est aujourd'hui, votre conscience était là, telle une veille silencieuse et un témoin intemporel. Lorsque vous disiez « je veux ma maman », ou « je hais la gym », « je t'aime pour toujours », ou « je déteste quand la musique est forte », vous pointiez du doigt des évènements qui arrivaient au « moi » et non au « Soi ». Les évènements et sentiments d'autrefois, tels que le fait de vouloir sa maman ou de détester la gym à l'école, sont tous passés et appartiennent à ce lieu en vous, que l'on appelle des souvenirs. Les choses de votre vie ont changé et continuent de changer. Mais votre conscience est restée le témoin inamovible du film que vous appelez votre vie.

Dans son poème *Le ruisseau*, Alfred Lord Tennyson évoquait ce mystère du sentiment d'inaltérabilité lorsqu'il écrivait : « Les hommes viennent et les hommes s'en vont, Tandis que je poursuis mon chemin à jamais. »[1] Nous pourrions tout aussi bien, certes avec moins d'éloquence poétique, dire que ce qui constitue notre sécurité, nos sentiments, nos pensées, notre corps et notre environnement sont des éléments qui peuvent évoluer et disparaître, mais que notre conscience perdure à jamais. C'est sans doute moins émouvant, mais cela a le mérite d'être clair.

Pourquoi le fait de se connaître Soi-même est-il à ce point absolument vital ? Lorsqu'on parvient à considérer que le Soi inhérent à chacun d'entre nous est en fait conscience inaltérable, illimitée et éternelle, l'attachement maladif qui nous lie à un corps appelé à vieillir et à un esprit susceptible de nous faire défaut, commence à lâcher du lest. On se rend compte que nous existons au-delà de l'évolution et de la mort. On prend conscience du fait qu'en dépit de toutes ces pensées et de toutes ces choses qui fabriquent le « moi », notre existence sous forme de conscience est éternelle !

Vous êtes conscience ! Votre conscience est restée le témoin inamovible du film que vous appelez votre vie.

1. NDT : « Men may come and men may go, but I go on forever, » traduction de Madeleine L. Cazamian, *In Memoriam, Enoch Arden, Le ruisseau, Ulysse* ..., p.236, Fernand Aubier, éditions Montaigne, 1938.

La Conscience pure nous définit

Sachant que vous avez trouvé paix et détente, simplement en consacrant quelques minutes à observer l'intervalle entre vos pensées, imaginez les joies et les surprises qui vous attendent, dès lors que la conscience pure infusera toutes vos pensées, votre alimentation, votre travail et vos amours. Le fait de découvrir que la conscience pure nous définit est déjà un premier pas vers une existence épanouie et pleine de générosité. Taquiner la conscience dans toute activité quotidienne est le second. Au final, et dès lors qu'elle permet de guérir ses propres blessures, ainsi que celles des autres, elle s'avère être une vraie bénédiction auto-engendrée.

-> Connais-toi toi même Socrate
c'est le moi qui meurt. Celui de l'ego
Notre Conscience elle est éternelle

CHAPITRE 7
LA TECHNIQUE DU PORTAIL

« Si j'avais le pouvoir d'influencer la bonne fée, dont on dit qu'elle préside au baptême de chaque enfant de par le monde, je lui demanderais de faire don à chacun d'une aptitude à l'émerveillement, qui soit tellement inaltérable qu'elle durerait tout au long de la vie. »

RACHEL CARSON

J'ai été témoin de quantité de réactions différentes lorsque les gens découvrent qu'ils sont conscience pure et qu'ils ne sont pas assimilables au désordre encombrant qui emplit leurs esprits. Généralement, il y a d'abord l'enchantement de la surprise, ainsi qu'un sentiment de liberté et de légèreté. L'euphorie dure parfois quelque temps, mais tôt ou tard, l'ego veut reprendre le contrôle de cet esprit qui lui appartient. Lorsque c'est le cas, toute pensée et toute chose sont de nouveau portées aux nues avec exaltation et à un degré d'importance exagéré. Le frêle écho de la conscience s'estompe et se résorbe en lui-même, bien vite oublié. Il ne faut pas que cela arrive. Si vous suivez bien toutes les bases présentées dans ce livre, vous pouvez avoir la garantie de stabiliser la conscience pure.

Pour atteindre cet objectif, je vous propose, lors de la prochaine étape, d'approfondir et d'élargir la non-expérience de la conscience pure. Nous le ferons en augmentant le temps passé à être conscient de la conscience pure. Dans cette perspective, j'ai mis en place un procédé d'une efficacité et d'une simplicité merveilleuses, que tout le monde peut suivre et ceci dès la première fois. Je l'ai appelé la technique du portail, tout simplement parce cette technique ouvre la porte de la conscience pure, aussi facilement que si ses gonds avaient été huilés par le gardien de la porte lui-même. Tout ce qu'il vous reste à faire est d'en franchir le seuil.

La prochaine étape consiste à approfondir et élargir la non-expérience de la conscience pure.

La technique du portail engendre une modification subtile et néanmoins tangible de la vision que nous avons de notre monde. Cette mutation, en quelque sorte, se remarque à peine, du moins dans un premier temps, et pourtant, elle influencera considérablement votre corps/esprit et, de là, toutes les autres sphères de votre vie s'en trouveront modifiées. Après seulement quelques semaines de pratique, il n'est pas rare que vos amis fassent des commentaires sur votre air visiblement détendu ou sur la qualité lumineuse et sereine de votre regard. C'est le moment d'y aller. Alors, retroussez vos manches et préparez-vous à ouvrir la porte du Soi.

Il n'est pas rare que vos amis fassent des commentaires sur votre air visiblement détendu ou sur la qualité lumineuse et sereine de votre regard.

EXPÉRIENCE N°2 : LA TECHNIQUE DU PORTAIL

Asseyez-vous et installez-vous confortablement. Faites en sorte de ne pas être dérangé pendant environ vingt minutes. Fermez les yeux et laissez votre esprit vagabonder pendant dix à vingt secondes. Maintenant, dressez mentalement une liste de mots positifs. Que vous visualisiez les mots ou bien que vous les entendiez n'a pas d'importance. Par exemple, vous pouvez choisir des mots tels que : silence, tranquillité, calme, paix, joie, félicité ou extase. Il est possible que vous voyiez ou entendiez d'autres mots, tels que : lumière, amour, compassion, espace, infinité, énergie pure, existence ou grâce. Après avoir dressé votre liste personnelle, repassez-la mentalement en revue. Focalisez votre attention sur un mot en particulier, qui vous aura attiré plus que les autres. À partir de maintenant, la seule chose que vous ayez à faire est d'observer ce mot tranquillement. Soyez simplement très attentif et attendez de voir ce qu'il va faire.

Tandis que vous observez, sans intention particulière et sans interférer d'une quelconque façon que ce soit, le mot va se modifier, d'une façon ou d'une autre. Il s'agrandira, deviendra plus brillant ou résonnera plus fort dans votre tête. Il est possible qu'il se mette à palpiter, en quelque sorte, ou au contraire à s'estomper, jusqu'à éventuellement s'effacer, voire disparaître complètement. On ne peut pas savoir ce qu'il va faire, mais ça n'a pas d'importance. La seule chose que vous ayez à faire est d'observer et rien d'autre, sans vouloir contrôler ou intervenir dans ce qui se produit. C'est la même chose que de regarder la télévision, mais dans votre tête. Rien de plus facile à priori.

Tandis que vous observez votre mot, il est possible que votre esprit dérive, ou encore que vous deveniez réceptif à des sons extérieurs. Ne vous étonnez pas, si, pendant un instant, vous en oubliez que vous êtes en train de pratiquer la Technique du portail. Peut-être bien que vous vous perdrez même dans vos pensées, parfois durant plusieurs minutes d'affilée. Il n'y a pas de quoi s'en faire. Si cela arrive, c'est-à-dire lorsque vous vous rendez compte que vous n'êtes plus en train d'observer votre mot, cherchez-le tranquillement et retrouvez-le. C'est tout ! Le pouvoir de la Technique du portail réside dans sa simplicité et sa candeur.

Une dernière chose, au cas où. Vous remarquerez que de temps à autre, votre mot disparaît. Ça peut arriver. Attachez-vous simplement à observer l'espace laissé par son empreinte. C'est là que la conscience pure se loge, vous apprendrez à la reconnaître. Cet espace n'est pas un but à atteindre en soi. Il ne s'agit là que de l'un des nombreux changements par lesquels votre esprit va passer. Rapidement et de lui-même, votre mot réapparaîtra. Ou bien il se sera transformé en un autre mot. Ça peut aussi se produire. Acceptez l'arrivée de ce nouveau mot, puis observez-le ou écoutez-le, c'est selon, exactement comme vous le faisiez avec le mot précédent.

(NB : Vous pouvez télécharger la version MP3 de la Technique du portail sur le site www.QuantumEntrainment.org. Je vous guiderai pas à pas. Entrez votre adresse courriel en guise d'ID. Tapez *qe31* dans le champ mot de passe, en lettres minuscules et sans espaces. Profitez-en pour télécharger aussi la technique de la conscience pure (voir p. 107). Cela vous sera particulièrement utile, lorsque vous serez sur le point d'apprendre le Quantum Entrainment.[1]

Pour résumer, asseyez-vous au calme, les yeux fermés. Au bout de quelques secondes, entrez en contact avec votre mot et mettez-vous simplement à observer ce qui se passe. Ne cherchez pas à intervenir, observez simplement. Si vous vous rendez compte que d'autres pensées ou des bruits extérieurs se manifestent, retrouvez votre mot et remettez-vous à l'observer. S'il arrive que vous perdiez votre mot, sachez qu'il reviendra ou qu'un autre mot prendra sa place. Ne perdez pas le fil, c'est tout.

Ce qui survient n'a aucune importance tant que vous ne faites qu'observer, comme si vous ne vous sentiez pas

1. NDT : site en anglais.

concerné par ce qui se déroule mentalement devant vous. Poursuivez la pratique de la Technique du portail pendant une période allant de dix et vingt minutes et pendant au moins dix minutes si vous le pouvez. Lorsque vous avez terminé, évitez d'ouvrir les yeux trop rapidement, ou de vous lever d'un bond et de vous mettre à faire des trucs à droite et à gauche immédiatement. Au contraire, gardez les yeux fermés. Prenez une ou deux minutes pour vous étirer et revenir en douceur au monde extérieur. Le fait de s'extraire trop vite de l'expérience pourrait entraîner de l'irritabilité, des maux de tête ou d'autres sensations désagréables. Vous ne le remarquerez peut-être pas, mais vous vous sentirez physiquement très détendu et il faudra du temps pour faire la transition. L'esprit voudra reprendre son activité, mais vous devez laisser le corps se mettre au diapason. Vous pourrez ensuite reprendre doucement vos activités. Pratiquez la Technique du portail au moins une fois par jour. Sachez cependant qu'une pratique biquotidienne en quadruple les effets. Le meilleur moment de la journée se situe juste après le réveil du matin. Votre seconde séance pratique peut très bien se situer plus tard dans la journée. Si vous n'arrivez pas à la placer durant la journée, faites-la avant de vous coucher. Cela aura l'avantage de dissoudre les tensions accumulées au cours de la journée et de réunir les conditions d'une excellente nuit de sommeil.

Cette façon de faire a toute son importance pour la pérennité de vos acquis. Relisez les consignes précédentes, ou repassez-vous les consignes audio que vous aurez téléchargées, au moins au début. Cela permettra d'éliminer toute mauvaise habitude qui pourrait se glisser incidemment dans le déroulé de la pratique. Il est fréquent de penser qu'on fait les choses correctement, alors qu'on a laissé un élément de côté ou qu'on en a ajouté un autre qui n'a pas son utilité. Si vous ne faites pas attention à vous abstenir de toute intention durant l'observation, la Technique du portail ne sera pas aussi efficace et vous vous retrouverez dans une situation où vous penserez que ça ne fonctionne plus aussi bien qu'au début. C'est là le signe que des impuretés se sont glissées dans votre pratique. Remettez en question votre pratique tous les deux ou trois jours durant quinze jours, puis relisez ou écoutez à nouveau les consignes tous les quinze jours. Cela vous donnera la garantie de retirer les pleins bénéfices de votre pratique.

La Technique du portail nous enseigne à ne compter sur rien d'autre que sur l'observation. Ce qui se produit relève de la magie. Une guérison en profondeur commence à s'opérer, sans même l'ébauche d'un effort. D'ailleurs, un effort, quel qu'il soit, s'avère être contreproductif dans le processus. Ce qui se produit réellement avec la Technique du portail, c'est que votre psychisme est immergé dans un bain thérapeutique de conscience. Dans cette situation, nous entrons en harmonie avec la sagesse qui a donné naissance au tandem corps/esprit. Si vous pratiquez régulièrement, vous ressentirez en vous plus d'énergie, aussi bien sur le plan physique que psychologique, vous vous sentirez plus détendu et serez moins souvent malade, vous vous montrerez plus résistant lorsque vous serez confronté à stress mental ou émotionnel et vos relations s'en trouveront améliorées. Et tout ceci, simplement grâce à l'observation attentive. Vous vous rendrez compte très vite que de plus en plus, vous êtes dans l'observation attentive, au cours de vos activités quotidiennes et même en dehors de votre pratique. Bien que la Technique du portail se suffise à elle-même, on peut toutefois l'utiliser pour introduire d'autres techniques et en augmenter l'efficacité. Assurez-vous simplement de ne pas modifier la technique en elle-même. Elle tire sa puissance de la simplicité qui la caractérise. Elle est parfaitement aboutie en elle-même. Le fait d'ajouter ou de retrancher un élément ne ferait que diminuer son efficacité.

La prochaine étape, c'est le Quantum Entrainment, la méthode scientifique de la guérison instantanée. Bien que la Technique du portail ne soit pas directement utilisée lors du processus du Quantum Entrainment, sa maîtrise fournit une aide précieuse pour purifier la conscience, qui est la pierre angulaire de la méthode. Si vous pratiquez la Technique tous les jours, vous prendrez vite l'habitude de percevoir la présence de la conscience dans tout ce que vous faites. Plus tard, lorsque vous maîtriserez le Quantum

Entrainment, vous pourrez remplacer la Technique du portail par le Quantum Entrainment lui-même, même si un grand nombre de personnes continuent à pratiquer les deux. Voyons donc à présent ce qu'est le Quantum Entrainment et comment ça fonctionne. Viendra ensuite le temps d'apprendre à guérir, précisément à l'aide du QE.

CHAPITRE 8
LE QUANTUM ENTRAINMENT

« *Dieu ne regarde pas le nombre de choses que nous faisons, mais avec quel amour nous le faisons.* »
MÈRE TÉRÉSA

« *L'intuition est la source de la connaissance scientifique.* »
ARISTOTE

Qu'est-ce que le Quantum Entrainment ? Le Quantum Entrainment est une méthode scientifique, rapide et efficace, qui permet de diminuer la douleur et de favoriser la guérison. Cette méthode amène instantanément des changements, que l'on peut voir et ressentir dans le corps. Elle est reproductible et vérifiable par la mise à l'épreuve rigoureuse de l'étude scientifique pré et post clinique. Les effets du Quantum Entrainment se font sentir longtemps après la séance initiale, équilibrant et éliminant petit à petit les blocages qui entravent le bien-être physique et émotionnel. Le processus produit des effets bénéfiques aussi bien chez le donneur que chez le receveur. En général, une séance Quantum Entrainment s'accompagne d'un sentiment de paix et de détente.

Le Quantum Entrainment nous éveille à notre propre conscience intérieure. Au fur et à mesure que l'on apprivoise la conscience pure, on se sent mieux sur tous les plans. Lorsqu'on se sent plus heureux et en meilleure santé, il est alors naturel d'avoir envie de partager cette découverte avec autrui. Le cycle se terminera lorsque vous aurez appris à donner ce que vous avez reçu. Ou plus précisément, vous apprendrez à partager ce que vous êtes. En l'occurrence, les personnes avec lesquelles vous partagez votre conscience sont également elles-mêmes pure conscience. Vous ne ferez donc que les éveiller à leur nature fondamentale. J'aimerais m'étendre ici sur ce concept fascinant, mais il s'agit là d'un voyage qui nous amènerait bien au-delà du cadre de ce livre. Si vous souhaitez en savoir plus sur ce qu'est notre nature intime et fondamentale en lien avec la santé, les relations interpersonnelles et le bonheur, je vous recommande la lecture de mon livre intitulé *Au-delà du Bonheur*[1]. Bien ! Laissons-là cette autopromotion éhontée et revenons à nos moutons.

Le Quantum Entrainment nous éveille à notre propre conscience intérieure.

1. NDT : *Beyond Happiness, How You Can Fulfill Your Deepest Desires*, à paraître aux éditions Le Courrier du Livre sous le titre *Au-delà du Bonheur*.

La Santé, c'est l'ordre

Nous le verrons, la conscience pure exerce un pouvoir puissant, qui régénère ce qui dysfonctionne. Des symptômes tels que la douleur, la confusion ou encore la dépression, sont autant de signes qui nous disent que quelque chose va de travers. Les symptômes sont les signes avant-coureurs d'une rupture dans l'ordre qui régit le duo corps-esprit. Qu'il s'agisse d'une jambe cassée ou d'un cœur brisé, le désordre va à l'encontre du fonctionnement bien huilé d'un tandem corps-esprit, dont la fonction est avant tout d'être productif et aimant.

La santé, c'est l'ordre. Plus nous respirons l'ordre, plus nous sommes en santé. Lorsque la santé commence à s'affaiblir, nous disposons de tout un arsenal de médicaments et de thérapies destinés à restaurer cet ordre au cœur de notre corps-esprit.

Il est possible de simplifier la question de la santé en l'envisageant d'un point de vue vibratoire. Une vibration, autrement dit une onde, se trouve être la plus simple expression de l'énergie. Les étoiles, les grenouilles, les anges et les fourmis ne sont pas autre chose que des agglomérats d'ondes énergétiques, qui se fondent les unes aux autres pour créer ces différentes formes.

La conscience pure exerce un pouvoir puissant qui régénère ce qui dysfonctionne. La santé, c'est l'ordre. Plus nous respirons l'ordre, plus nous sommes en santé.

Nous pouvons nous représenter nos organes, nos tissus, nos pensées et nos émotions, comme des paquets individuels de vibrations, qui travaillent en harmonie et de concert dans le but de créer un ensemble corps-esprit en état de santé. Lorsque les vibrations ne sont plus synchronisées, nous appelons cela un désordre, ou une maladie, et nous essayons de la guérir. La plupart du temps, on s'efforce alors d'introduire des vibrations ordonnées afin de neutraliser celles qui sont désordonnées. Par exemple, les vibrations de l'écorce de saule blanc sont utilisées en phytothérapie pour contrer les vibrations inflammatoires liées aux maux de tête.

Le procédé qui consiste à renforcer, ou au contraire à affaiblir des vibrations, est appelé interférence. Je pense que la façon la plus simple d'envisager ce phénomène est la suivante : l'amplitude désigne la partie verticale d'une onde, c'est-à-dire sa hauteur. Si vous additionnez deux ondes de la même amplitude, vous obtenez une onde plus grande, dont l'amplitude est le double de l'une des deux premières. (schéma *4 : L'interférence ondulatoire.*) On appelle cela l'interférence constructive. L'inverse est également vrai. Si vous additionnez deux ondes d'amplitudes exactement inverses, elles s'annulent l'une l'autre et cela aboutit à une amplitude zéro. On appelle cela l'interférence destructive.

Mais il n'y pas lieu de vous laisser perturber par le jargon employé pour décrire ces interférences tantôt constructives, tantôt destructives. Si vous voulez illustrer le principe à l'œuvre, il vous suffit d'aller en bord de mer et d'observer les vagues déferler sur la plage. Si vous observez bien, vous verrez tôt ou tard arriver une vague plus rapide que les autres, qui vient recouvrir une vague précédente, plus lente. Les deux vagues se fondent l'une dans l'autre et forment une seule et même vague, plus grosse. L'élan engendré par cette vague, plus grosse et plus rapide, l'amène plus loin sur la grève que les autres vagues, ce qui, du même coup, ne manque pas de détremper vos nouvelles baskets flambant neuves. Vous avez là un exemple de l'interférence constructive.

SCHÉMA 4 – INTERFÉRENCE ONDULATOIRE

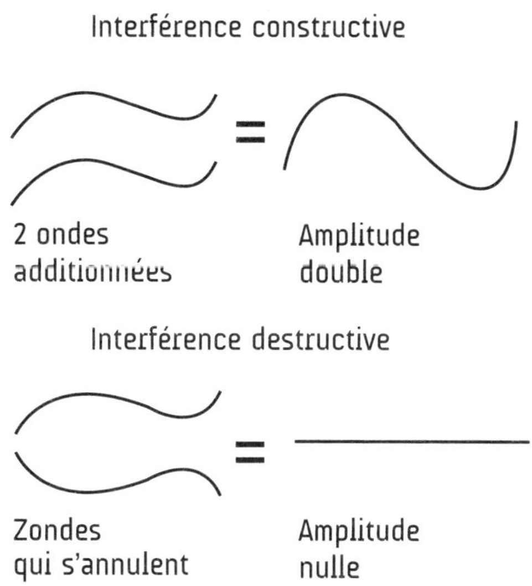

Alors que la vague se retire, vous vous retrouvez là, les deux pieds détrempés, plantés jusqu'aux chevilles dans un trou sablonneux et plein d'eau de mer, tandis que vous laissez échapper des mots d'oiseau entre vos dents serrées. Cette vague rencontre alors une autre vague qui s'apprête à déferler. La puissance de la vague qui s'éloigne, diminue la force de celle qui s'avance. Cette dernière perd alors son ampleur et son élan, et s'échoue bien en-deçà de l'endroit où vous vous tenez. Il y a certes peu de chance que cela attire votre attention, car à ce moment-là, vous êtes sûrement déjà à mi-chemin vers votre voiture, maugréant et dégorgeant d'eau de mer à chacun de vos pas. La perte d'élan subie par la seconde vague est un exemple d'interférence destructive.

Les systèmes thérapeutiques traditionnels, tels que la médecine, l'acupuncture, les techniques corporelles et les procédés de guérison énergétiques, ont tous pour finalité de rétablir l'ordre vibratoire. Plus la vibration du traitement s'approche de la vibration inhérente à l'état de santé recherché, plus la guérison est achevée. Parfois, le désordre peut venir du traitement lui-même. Si le traitement ne correspond qu'en partie à l'objectif de soin, comme c'est le cas des médicaments sur ordonnance, on assiste à l'apparition d'effets secondaires. De manière générale, plus le processus de guérison se rapproche d'un fonctionnement similaire à celui des ondes et des vibrations, moins il y a de chances de créer des effets secondaires. Ce qui nous ramène à la conscience pure.

La conscience pure n'est pas une vibration, mais la source de toutes les vibrations. Elle est l'ordre potentiel et l'énergie sous-jacente à toutes les formes existantes. En théorie, si nous étions en quelque sorte capables d'insuffler de la conscience pure au sein d'un système désordonné, l'ordre parfait en serait la résultante, sans qu'aucun effet secondaire ne soit engendré. Et en l'occurrence, c'est possible ! C'est ce que nous appelons le processus Quantum Entrainment.

Quelle que soit la méthode ou le protocole de soin envisagé, celui-ci doit être conçu de façon à ce que le praticien dispose d'aide et de directives, lui permettant de maîtriser les aléas qui pourraient l'empêcher de mener à bien sa tâche. Nous pensons à tort que la réussite dépend du protocole. Il n'en est rien.

La conscience pure n'est pas une vibration mais la source de toutes les vibrations. Elle est l'ordre potentiel et l'énergie sous-jacente à toutes les formes existantes.

Je vais vous confier un autre secret et celui-là, vous allez voir, c'est le meilleur ! Ce qui amène la guérison n'est pas le protocole, mais la conscience. Absolument ! La conscience constitue l'ingrédient essentiel de toute démarche aboutissant à la réussite. Peu importe que vous soyez en train de laver votre voiture, de résoudre un problème de trigonométrie ou de vous couper les ongles de pieds, la conscience sera toujours l'ingrédient le plus important. Essayez de vous couper les ongles de pieds sans… On voit le tableau d'ici.

Ce qui amène la guérison n'est pas le protocole mais la conscience.

C'est votre conscience qui insuffle la vie dans ce que vous faites. La technique est inerte en elle-même. Si la conscience devait être un train, les protocoles seraient les rails. Pas de conscience, pas de mouvement. Rien ne se fait sans la conscience. C'est la raison pour laquelle vous pouvez choisir sans distinction n'importe lequel des milliers de protocoles thérapeutiques disponibles et vous en trouver mieux. Le protocole du Quantum Entrainment met l'accent sur la conscience plutôt que sur le protocole lui-même. Vous ne tarderez pas à vous apercevoir que la technique en tant que telle ne demande quasiment aucun effort. À vrai dire, le Quantum Entrainment commence vraiment à fonctionner lorsque le protocole s'arrête. C'est tout à fait ça. C'est lorsque le cadre de la technique du Quantum Entrainment s'efface derrière la conscience pure que la guérison s'opère. Voyez-vous, le Quantum Entrainment n'est pas une technique de guérison en tant que telle. Il s'agit d'un processus qui amène à être conscient de la conscience pure. La guérison n'est en fait qu'un effet collatéral résultant de l'accès à la conscience. Cela veut dire également que vous n'êtes en rien celui qui guérit. C'est la conscience qui guérit. Il s'agit là d'une distinction importante qui deviendra plus évidente lorsque vous commencerez à pratiquer le Quantum Entrainment.

La guérison n'est en fait qu'un effet collatéral, résultant de l'accès à la conscience.

Cette précision nous amène à soulever une question essentielle, qui nécessite que l'on s'y attarde. Si vous n'êtes pas celui ou celle qui guérit, vous ne pouvez donc pas vous attribuer la paternité d'une guérison éventuelle. Vous ne portez donc pas la responsabilité de la guérison et pouvez donc vous sentir libéré de ce poids.

Imaginons que l'on vous demande votre aide pour soulager un genou très douloureux. Vous n'avez pas besoin de savoir si le malade souffre d'arthrose, d'une entorse ou de quoi que ce soit d'autre. Vous n'avez pas besoin de poser un diagnostic pour identifier le problème. La conscience possède une telle affinité pour l'ordre qu'elle s'en chargera pour vous. En fait, vous n'avez pas besoin de savoir quoi que ce soit concernant le genou en question. Tout ce qu'il vous faut, c'est de savoir ce que désire son propriétaire, soit, dans ce cas précis, ne plus avoir mal.

Tout ce que vous avez à faire est de mettre le Quantum Entrainment en marche et le reste se fera tout seul. Hormis la mise en route, rien ne se fait par vous ni pour vous, mais pour la personne qui souffre.

Avant une séance de Quantum Entrainment, laquelle peut se dérouler sur une période comprise entre quinze secondes et plusieurs minutes, vous apprendrez à réaliser un test préalable très simple, destiné à objectiver l'intensité de la douleur, du gonflement ou de tout autre symptôme. À l'issue de la séance, vous appliquerez la même technique d'évaluation afin de vous rendre compte du degré de diminution des signes préalablement observés. Si nous reprenons l'exemple du genou, vous ne devrez pas vous sentir exagérément concerné par le résultat obtenu ou par la manière dont il a été obtenu, car vous n'êtes pas directement impliqué dans le processus de guérison. Votre ego s'en trouvera épargné, laissant place à plus de compassion, ainsi qu'au plaisir de se sentir pleinement humain. Ce n'est pas si mal pour quelques minutes de travail, me direz-vous.

> Tout ce que vous avez à faire est de mettre le Quantum Entrainment en marche et le reste se fera tout seul.

Le processus du Quantum Entrainment consiste simplement à dilater la conscience et à la transformer en conscience pure afin d'obtenir une guérison. Au moment où l'initiateur du processus prend conscience de la conscience pure, le processus de guérison se produit instantanément. En dépit du fait que l'ensemble des éléments discordants liés à une maladie ou à un état donné soient amalgamés et intégrés dans l'instant, les résultats peuvent se manifester dans une durée plus ou moins longue après la séance. Le Quantum Entrainment continuera de faire son œuvre bien après la séance. C'est d'ailleurs là une raison supplémentaire de ne pas trop vous appesantir sur les résultats constatés en fin de séance. Pour revenir à notre genou, imaginons que la douleur ait été soulagée à 80 %. Il est bien possible qu'elle le soit à 90 % au bout de quelques minutes et qu'elle ait complètement disparu deux jours plus tard.

Au moment où l'initiateur du processus prend conscience de la conscience pure, le processus de guérison se produit instantanément.

Par conséquent, tout ce qui se produit est forcément une bonne chose. Il est impossible d'aggraver la situation ou de causer du tort. L'ancien précepte du soignant qui dit « avant tout, ne pas nuire », ne s'applique pas au Quantum Entrainment et cela pour deux raisons : vous n'opérez pas la guérison vous-même et la conscience pure ne peut nuire en aucun cas.

Mais dans tout ça, vous ne faites pas pour autant figure de grand oublié. La beauté de l'expérience réside dans le fait qu'elle guérit à la fois le partenaire et l'initiateur. (Notez que nous appelons « partenaire », celui qui reçoit et « initiateur », celui qui pratique le Quantum Entrainment.) En vertu du processus même du QE, l'initiateur glisse facilement dans un état indescriptible de conscience pure et se fait instrument, autorisant le pouvoir harmonisateur de cet état subtil, à récréer ou réorganiser la matière, en bannissant le désordre. Lorsqu'on pratique régulièrement, cet état de conscience intérieur commence à se dilater vers l'extérieur, mettant de l'ordre et de l'harmonie dans chacune de nos pensées, de nos paroles et de nos actions. Il s'agit donc là d'une expérience qui élève, inspire et apporte la paix.

Au cours des paragraphes qui vont suivre, je vais m'employer à comparer le Quantum Entrainment avec d'autres processus de guérison. Le but est de favoriser la compréhension. Ne vous méprenez pas. Mon propos n'est pas de critiquer les méthodes dont nous allons parler. Chacune de ces méthodes a sa propre valeur et sa raison d'être. Il suffit de demander l'avis des millions de gens dont la qualité de vie s'est améliorée pour en avoir disposé. Mon propos est d'envisager une image plus étendue de la notion de santé, qui comprendrait bien sûr le corps et l'esprit, tout en allant bien au-delà, intégrant toutes les dimensions des interactions humaines. Car nous sommes véritablement limités par les chaînes conceptuelles qui entravent notre mental et nous affaiblissent au niveau corporel.

La beauté du Quantum Entrainment réside dans le fait que l'expérience guérit à la fois le partenaire et l'initiateur.

Peut-être que votre objectif se limitera à utiliser le Quantum Entrainment dans le but de soulager des douleurs physiques ou émotionnelles, et il n'y a rien à y redire. Plus qu'une méthode destinée à guérir le corps et l'esprit, le Quantum Entrainment est une technique prédisposée à se déverser à l'extérieur de nous-mêmes. Elle a pour vocation d'harmoniser et enrichir toutes les entreprises humaines et bien au-delà. Et tout cela se passe de façon automatique. Lorsqu'on pratique avec régularité, les angles abrupts et les arêtes coupantes de la vie s'adoucissent. On en vient à considérer la vie avec émerveillement, une certaine espièglerie presque, telle la mère universelle qui nourrit, protège et enseigne, satisfaisant au bout du compte tous nos besoins. Le Quantum Entrainment deviendra un jouet de prédilection dont vous aurez du mal à vous passer.

> Bien plus qu'une méthode destinée à guérir le corps et l'esprit, le Quantum Entrainment est une technique prédisposée à se déverser à l'extérieur de nous-mêmes. Elle a pour vocation d'harmoniser et enrichir toutes les entreprises humaines

Lorsqu'on prend du plaisir à pratiquer le Quantum Entrainment au quotidien, les maux individuels finissent par disparaître d'eux-mêmes. Notre propre guérison s'accélère. On compte de moins en moins sur les modalités imprimées par le monde extérieur et on s'absorbe plus facilement en soi. On devient le témoin aimant de la vie qui se manifeste en nous. Comme une boule de neige qui enfle en dévalant la pente, on attire à soi les moissons que nous offre la vie et, ce faisant, l'élan de santé s'accélère, de façon exponentielle.

Quoi qu'il en soit, je ne suis pas un puriste, et selon moi, vous ne devriez pas l'être non plus. Le Quantum Entrainment possède le potentiel, et j'insiste sur le mot potentiel, pour déverrouiller tous les problèmes, quels qu'ils soient.

Cette expérience modifiera les principes fondamentaux au travers desquels vous percevez ce monde. Enfin quoi, piochez à même la source créatrice du cosmos ! Je vous mets au défi, après ça, de continuer à donner du « cordialement » à la fin de vos courriels.

Chaque jour, vous vous surprendrez à faire de petits miracles. Ce qui fait du QE une méthode à part, c'est qu'elle ne s'appuie ni sur des médicaments, ni sur une idéologie. À l'opposé d'un système traditionnel qui s'efforce de comprendre la structure dans son ensemble, le QE cherche à la dissoudre. La dissolution ordonnée de la structure ouvre l'esprit du praticien à la conscience pure qui, à son tour, introduit de l'ordre dans la structure.

Toutes les méthodes conçues pour guérir sont valables. Leur valeur s'accroît avec le degré de conscience du praticien. Dans un monde idéal, nous n'aurions pas besoin d'autre chose que du QE pour garantir à tout un chacun la santé, l'harmonie du corps et de l'esprit, l'équilibre dans ses relations interpersonnelles, au travail, dans le domaine spirituel, de la scolarité et de la distraction. Parfaitement, le QE est capable de restaurer l'harmonie dans l'ensemble de ces domaines. La mauvaise nouvelle, et c'est le cas pour toutes les techniques de guérison, c'est que le QE se heurte aux limites du praticien. La bonne nouvelle, c'est qu'en fait, la pratique du QE abolit ces limites. En deux mots, plus vous pratiquez le QE, plus votre vie sera intéressante, joyeuse et enrichissante. Revenons maintenant à l'essentiel.

Le Quantum Entrainment n'a rien à voir avec un soin énergétique complexe. Le QE n'utilise pas les interférences ondulatoires et n'a pas pour objectif, ni d'une façon, ni d'une autre, de neutraliser les énergies négatives, que ce soit à l'aide de plantes, de médicaments, de techniques corporelles, de manipulations, de magnétisme, d'énergies subtiles ou d'une quelconque autre modalité. À bien des égards, le Quantum Entrainment est unique en tant que tel, et en voici les raisons :

> La mauvaise nouvelle et c'est le cas pour toutes les techniques de guérison, c'est que le QE se heurte aux limites du praticien. La bonne nouvelle, c'est qu'en fait, la pratique du QE abolit ces limites.

Que l'on se réfère à la médecine traditionnelle, au travail sur les énergies subtiles ou à toute autre méthode intermédiaire, le futur praticien doit suivre un cursus d'apprentissage rigoureux, sous la supervision d'un praticien expérimenté, afin de pratiquer son art avec efficacité et en toute innocuité. Les méthodes en question ont certainement évolué au cours de nombreuses années d'ajustements empiriques, avant d'être considérées comme viables. La plupart de ces méthodes évoluent d'ailleurs encore aujourd'hui. C'est de l'art autant que de la science et les résultats obtenus dépendent considérablement des compétences du praticien. La prudence et les précautions qu'elles impliquent sont nécessaires, dans la mesure où ces méthodes sont susceptibles de causer du tort, lorsqu'elles ne sont pas utilisées correctement. À minima, elles s'avèreraient inefficaces.

Rien de tout ceci ne s'applique au Quantum Entrainment et ceci pour une seule et simple raison : au bout du compte, l'initiateur du processus ne fait rien. Il ou elle laisse la conscience pure faire tout le travail. Souvenez-vous que la conscience pure, c'est l'ordre dans sa perfection. Si quelque chose se révèle être désordonné, la conscience pure va le réparer. La seule raison d'être de l'initiateur, est que l'on a besoin de quelqu'un pour préparer le terrain. Il ou elle prépare les conditions de l'évènement, puis se met en retrait. En quelque sorte, la conscience pure dissout et résorbe les dissonances structurelles et réassemble les éléments, de manière à ce qu'ils soient en parfait état de marche.

Est-ce difficile d'apprendre le Quantum Entrainment ? La réponse est clairement non. C'est aussi facile que d'aligner deux pensées à la suite l'une de l'autre. La pratique du Quantum Entrainment ne demande pas de compétence particulière et se fait rapidement. À vrai dire, il est plus contraignant de se documenter sur le Quantum Entrainment que de le mettre en pratique. Si vous arrivez à lire ce livre, vous serez donc capable d'apprendre le Quantum Entrainment et de le mettre en pratique. Et vous vous rendrez compte par vous-même de l'extraordinaire pouvoir curatif de la conscience pure.

À quoi peut bien servir le Quantum Entrainment ? Le QE est capable de réparer tout ce que vous pouvez concevoir en pensée. Il peut le réparer, mais ça ne veut pas dire qu'il le fera. Tout ce qui a été fabriqué par la conscience pure, c'est-à-dire toute chose existante, peut être réparé par la conscience pure. Cela semble assez sensé, me direz-vous. Le fait est, cependant, que c'est bien la conscience pure qui répare et non pas vous-mêmes. Et celle-ci n'est pas entravée par les besoins qui sont les nôtres et qui résonnent dans nos boîtes crâniennes, puisant matière dans nos ressentiments, nos espoirs, nos craintes, nos échecs et bien d'autres considérations encore. Nous autres humains ne pouvons voir qu'une toute petite parcelle de ce qui est, a été ou sera. Le souci, avec nous, c'est que nous avons l'impression de savoir exactement ce qu'il y a de mieux à faire dans une situation donnée. Or, nous n'en avons pas la moindre idée. À chaque instant « T », notre monde est un océan bouillonnant de liens de causes à effets. Toutes les causes qui se révèlent dans le présent, résultent d'un nombre infini d'effets qui ont interagi les uns avec les autres et cela depuis l'aube de la création. Est-il seulement possible de connaître les éléments causals premiers, à l'origine de nos pensées en ce moment précis ? Savez-vous ce qui a fait que vous ayez tel ou tel type de pensée, en cet instant ou celui d'avant ?

Il est plus contraignant de se documenter sur le Quantum Entrainment que de le mettre en pratique.

Est-il inconcevable de considérer que nous ne sommes pas les maîtres de notre destin, du moins tels que nous le pensons ? Imaginez un célibataire endurci qui, lorsqu'il était jeune, se serait mis légèrement en retard pour se rendre au supermarché du coin, parce qu'il aurait perdu ses clés. Il aurait peut-être manqué de deux minutes la seule femme dont il aurait jamais pu tomber amoureux. Une seule minute, voire une seule seconde, sont susceptibles de modifier le cours de toute une vie. Nous nous sommes tous laissés aller, un jour ou l'autre, à spéculer sur le fait que notre vie aurait pu être différente si seulement nous avions joué au loto le lundi et non le samedi, par exemple, ou encore si nous n'étions pas devenus artiste de rue contre l'avis de nos parents. N'est-il pas évident qu'à chaque instant de nos vies entrent en jeu des forces que nous ne maîtrisons pas et qui peuvent modifier l'avenir ?

Faisons une pause et jouons un peu à flirter avec l'abstrait, voulez-vous ? Il est toujours bon d'élargir un peu les frontières de l'esprit, surtout lorsqu'il s'agit d'explorer de nouveaux paradigmes. À défaut d'aboutir à l'illumination, cela donne au moins quelque chose à se mettre sous la dent. Et qui sait ? Il est toujours possible qu'une graine plantée finisse par germer et donner naissance à quelque chose d'utile et de magnifique.

Notre monde est un océan bouillonnant de liens de causes à effets. Une seule minute, voire une seule seconde, sont susceptibles de modifier le cours de toute une vie.

La mécanique quantique nous propose plusieurs théories fiables, faisant état de l'existence d'univers parallèles. L'une de celles auxquelles je souscris volontiers est celle qui attribue à chacun d'entre nous un nombre infini de vies différentes. Le fait que le temps ne s'écoule pas, ne relève pas de la théorie, mais d'un fait mathématique. Le temps n'existe pas tel que nous le comprenons habituellement. C'est notre esprit qui créé le séquençage que nous appelons le temps. Autrement dit, le temps est un concept créé par l'homme et qui n'a pas d'existence en dehors de l'esprit de celui-ci. Ce n'est que parce que notre conscience est limitée que nous restreignons notre existence à une vie et à un temps donné.

Le temps est un concept créé par l'homme et qui n'a pas d'existence en dehors de l'esprit de celui-ci.

Il existe une possibilité non négligeable pour que vous existiez dans un univers parallèle, tel que vous êtes actuellement, à un tout petit détail près. Par exemple, vous souffrez peut-être d'arthrose dans les doigts dans cette vie-ci. Dans une autre vie, l'arthrose peut s'être fixée dans les doigts et dans les genoux et dans une troisième vie, vous n'avez peut-être rien du tout. Pensez-y, imaginez un nombre incalculable d'expressions de vous-même, coexistant au même instant. Ne serait-ce pas tout bonnement sensationnel de pouvoir glisser d'une vie dans l'autre ? Votre expérience de la vie s'en trouverait infiniment élargie et ne serait limitée que par les frontières de votre propre conscience. Nous sommes là sur le point d'évoquer un point très intéressant.

Qu'est-ce qui fait le lien entre ces univers parallèles ? Si chacune de vos vies était représentée par une perle sur un collier, quel serait le fil qui les relie les unes aux autres ? Le fil unifiant les univers parallèles, c'est le tout illimité décrit par David Bohm, ou l'ordre implicite de la conscience pure. La conscience pure est le portail, le passage d'une vie à l'autre. Il est possible que ce soit la manière dont fonctionne le Quantum Entrainment, en faisant transiter la conscience par le portail de la conscience pure, d'une vie parallèle à l'autre. Lorsque dans cette vie, l'arthrose vous fait souffrir, il vous suffit de vous engouffrer sans effort dans la conscience pure, pour en ressortir sans arthrose, dans une autre vie.

Cela me rappelle l'un des tomes du *Monde de Narnia,* de C.S Lewis, où les protagonistes plongeaient dans un étang d'Angleterre, pour se retrouver dans le monde de Narnia, en remontant à la surface. Il semble bien que Lewis avait eu l'intuition de ce que la mécanique quantique nomme les univers parallèles.

En ce qui me concerne, je préfère l'image du CD sur lequel chacune des pistes représenterait une vie. Le rayon laser qui lit l'information, balaye la surface du CD et exprime la musique de chacune des vies contenues sur les pistes. Le rayon laser représente notre conscience individuelle, qui glisse sur la piste que nous appelons notre vie actuelle. Notre conscience s'achemine, de la naissance à la mort. Mais souvenez-vous que le temps n'est pas en mouvement et qu'il s'agit là d'une réalité factuelle. Le temps est une illusion créée par notre propre esprit conscient. Toutes nos vies existent simultanément, de la même manière que toutes les pistes sont présentes au même moment sur la surface du CD. Et si, au lieu de laisser le rayon laser couvrir les pistes l'une après l'autre en lecture continue, on lui faisait sauter des pistes pour atterrir sur une piste parallèle ? On pourrait alors entamer la lecture de la piste en question, non ? La guérison instantanée d'une maladie avec l'ensemble de ses causes et symptômes ressemble à de la magie, jusqu'au moment où vous comprenez que vous venez simplement de plonger dans la conscience pure et de ressurgir dans une autre vie, indemne de toute affection.

J'ai introduit ce point pour une bonne raison. Les merveilles que nous pouvons accomplir ne sont limitées que par notre conscience. Nous sommes tous limités, chacun d'entre nous l'est. C'est inévitable. Mais sachant ce que maintenant nous savons, nous pouvons commencer à nous dégager des chaînes qui entravent notre conscience et nous mettre à vivre au-delà de nos limites actuelles. Le fait de guérir une arthrose est-il vraiment aussi simple que de passer d'une piste à l'autre sur un CD ? Oui, si vous savez comment le faire et si votre esprit veut bien le permettre. Au cœur même du processus à l'œuvre dans le Quantum Entrainment, on retrouve les mécanismes de la création et la possibilité d'ouvrir notre esprit conscient aux infinies possibilités mises à disposition par la création.

Les merveilles que nous pouvons accomplir ne sont limitées que par notre conscience.

Certes, le fait de jouer avec les théories présente un côté ludique et permet potentiellement d'élargir la portée de nos considérations au-delà de leurs paramètres habituels. Mais le fait est que le Quantum Entrainment fonctionne effectivement, que vous ayez la théorie en tête ou non. Le Quantum Entrainment fonctionne, que vous y croyez ou pas. En fait, le QE fonctionne, que vous compreniez ou non de quelle manière ça fonctionne. Un enfant lui-même peut très bien réaliser une séance de QE, en toute innocence. À vrai dire, ça ne fonctionnera justement pas sans une certaine dose d' innocence.

Il est impossible d'opérer ce glissement dans le flux thérapeutique de la conscience pure par la simple force de la volonté. La seule chose que nous puissions faire est de déposer notre intention en toute innocence, dans l'océan de la conscience pure. Nous n'avons aucune influence sur l'aboutissement ni sur ce que les courants harmonisateurs en feront. Lorsqu'on a le désir de guérir quelqu'un, ce désir provient du moi limité, imbibé des turbulences perpétuelles du mental. Ce désir, sans aucun doute altruiste, émerge de la compassion ressentie pour un être humain qui souffre. Mais il n'y a aucun moyen de savoir comment le plan cosmique prendra ce désir en charge. Nous ne pouvons pas connaître la série d'évènements intriqués qui ont conduit à la manifestation de telle ou telle dissonance apparente. Nous ne pouvons pas non plus savoir de quelle manière le plan choisira d'exprimer le retour à l'harmonie. Lorsqu'on pratique le Quantum Entrainment, il se produit toujours un changement dans la situation de la personne. Il est possible qu'une seule et unique séance de Quantum Entrainement mobilise des forces qui vont se réverbérer au travers de l'univers avant que nous nous rendions compte que l'harmonisation a eu lieu. En tant qu'initiateur, la seule chose qui soit en notre pouvoir est d'exprimer notre désir de guérison. Le résultat, quel qu'il soit, ne sera que l'expression parfaite et naturelle de la conscience pure. Nous devons simplement accepter ce que nous voyons, sachant que nous ne pouvons absolument pas savoir quelles sont les forces à l'œuvre, ni quand elles se manifesteront.

> Un enfant lui-même peut très bien réaliser une séance de QE, en toute innocence. À vrai dire, ça ne fonctionnera justement pas sans une certaine dose d'innocence.

Un jour, une cliente m'a demandé de l'aider à résoudre plusieurs problèmes d'un seul coup. Elle souffrait de céphalées dues à une sinusite aiguë, de contractures dans les trapèzes du fait de son travail, ainsi que d'une anémie résultant de complications datant de six semaines, en lien avec la préménopause. J'ai mis le processus du QE en marche durant plusieurs minutes au terme desquelles je remarquai quelques signes, m'indiquant que son corps avait reçu l'influence organisatrice de la conscience pure. Lorsque je lui demandai comment elle se sentait, elle me répondit qu'elle se sentait exactement comme au début de la séance. Je l'informai que le processus avait abouti et que je ne pouvais rien faire de plus pour elle à ce moment-là. J'ai bien remarqué qu'elle avait l'air déçu au moment de partir. Environ une heure plus tard, je reçus un coup de fil de ma cliente qui, tout excitée, me raconta que tandis qu'elle se trouvait au volant de sa voiture pour rentrer chez elle, ses sinus s'étaient libérés d'un seul coup, à tel point qu'elle avait presque dû s'arrêter sur le bas-côté pour pouvoir se moucher. Elle me dit encore qu'environ vingt minutes après son retour à la maison, ses épaules se sont détendues, la soulageant d'un poids énorme. Je lui ai dit combien j'étais content pour elle et la remerciai d'avoir pris le temps de m'informer de sa situation. Le lendemain matin, elle me rappela, encore plus enthousiaste. Et elle me dit que tous les symptômes de la préménopause avaient disparu.

Il est possible qu'une seule et unique séance de Quantum Entrainement mobilise des forces qui vont se réverbérer au travers de l'univers.

Au moment de l'administration du QE, cette cliente n'avait aucun indice lui permettant de dire que cela avait marché. La seule indication que j'avais de mon côté, était un léger changement au niveau d'un unique muscle, situé sur le haut de son dos. Je ne savais pas quel soulagement elle allait en retirer, ni même si elle allait en retirer quelque chose. Ce qui me permettait de me préserver, c'est que je me sentais comme un spectateur du processus. J'ai initié le Quantum Entrainment et me suis mis en retrait. J'ai éprouvé une grande joie à l'annonce de la disparition de ses symptômes, non pas parce que j'y étais pour quelque chose, mais pour une autre raison : chaque fois que la guérison intervient de cette façon, c'est une preuve supplémentaire qui indique que la vie est une réalité plus vaste que la pensée et plus généreuse que ne l'est notre imagination. Lorsque j'initie le processus du QE, je touche quelque chose qui est plus grand que moi et que je finis par reconnaître comme étant le Soi. J'en viens à éprouver un sentiment qui n'est pas vraiment de l'espoir, mais plutôt la certitude que tout est juste dans le monde où je vis. Je ne pratique pas le QE simplement pour rendre ma vie meilleure. Je le fais pour me souvenir que la perfection existe déjà, pour faire des ricochets dans l'eau de l'immortalité et regarder les rides apparaissant à la surface, asperger joyeusement la vie de mes semblables, de passage tout comme moi, dans cette infime tranche de réalité existant au sein de l'univers.

CHAPITRE 9
PRÉPARATION DE LA GUÉRISON

« L'âme ne pense jamais sans image mentale. »
ARISTOTE

« Pensez à gauche et pensez à droite et pensez en bas et pensez en haut.
Oh, toutes ces pensées auxquelles vous pourriez penser,,
si seulement vous le vouliez ! »
DR. SEUSS

La préparation d'une séance de Quantum Entrainment consiste moins à rassembler ses outils et à se concentrer sur la technique, qu'à se préparer à ne rien faire. Ceux qui me connaissent bien ne sont pas surpris que j'ai pu découvrir et mettre en forme le Quantum Entrainment. Ils s'empressent de remarquer que je me suis préparé à ne rien faire durant la plus grande partie de ma vie. C'est réconfortant d'avoir des amis qui font preuve de tant d'encouragement et de pertinence.

En premier lieu, j'aimerais vous amener à découvrir le pouvoir de la conscience sur vous-même, en créant un changement observable dans votre propre corps. Lorsque vous aurez réalisé cet exercice saisissant, vous n'aurez pas seulement acquis les bases du processus de guérison, mais vous aurez aussi obtenu un avant-goût de la joie et de l'enchantement que procure le processus de guérison selon le Quantum Entrainment.

> La préparation d'une séance de Quantum Entrainment consiste moins à rassembler ses outils et à se concentrer sur la technique qu'à se préparer à ne rien faire.

EXPÉRIENCE N°3 : L'EXERCICE DU DOIGT QUI S'ALLONGE

Levez votre main devant vous, la paume face à vous et cherchez le pli horizontal qui se situe à la jonction de la paume et du poignet. Faites de même avec l'autre main et placez vos deux poignets l'un contre l'autre, de manière à ce que les deux plis soient exactement symétriques. Partant de là, accolez successivement vos paumes, puis vos doigts, les uns contre les autres. Vos mains doivent être parfaitement accolées en position de prière.

Observez la symétrie de vos deux majeurs. Soit ils sont de même longueur, soit l'un des deux est plus court que l'autre. Pour cet exercice, vous choisirez le plus court des deux. S'ils sont tous les deux de même longueur, choisissez l'un ou l'autre.

Éloignez vos mains l'une de l'autre et posez-les sur la table ou bien sur vos genoux. Regardez le majeur que vous avez choisi, et dites-vous mentalement « ce doigt va s'allonger ». Attention, vous ne devez pas bouger votre doigt. Concentrez simplement toute votre attention sur ce doigt. Peu importe que vous ayez les yeux fermés ou ouverts. Regardez attentivement votre doigt ou bien visualisez-le mentalement avec précision. Concentrez toute votre attention sur ce doigt-là et rien d'autre. C'est tout ce que vous avez à faire. Faites cela durant une bonne minute. Vous n'avez pas besoin de l'enjoindre mentalement de s'allonger de nouveau. Une seule fois suffit. Donnez simplement le temps au temps d'opérer la transition qui permet *la focalisation de l'attention*. Ce doigt, et seulement ce doigt, récolte toute votre attention durant une minute entière.

Au bout d'une minute, replacez vos deux mains l'une contre l'autre, à partir de la pliure du poignet, comme précédemment et appréciez la longueur de vos doigts. Observez bien vos deux majeurs et que voyez-vous, je vous le demande ? Et bien le majeur sur lequel vous avez focalisé votre attention est plus long que l'autre. C'est carrément incroyable quand vous y réfléchissez bien. Bienvenue dans le monde merveilleux de l'élargissement de la conscience. Vous venez d'assister au phénomène qui consiste, pour la conscience, à infuser le corps, pour le préparer à se guérir de l'intérieur. Mais comment donc avez-vous fait pour réaliser cela ? Voyons voir l'explication.

Les deux fondamentaux de l'exercice sont l'intention et la conscience. Au début, votre unique intention était de voir votre majeur s'allonger. Puis vous avez concentré toute votre attention sur le doigt en question. C'est là un exercice qui nous amène à quelques encablures du Quantum Entrainment, mais nous n'y sommes pas encore. Lorsque nous aurons ajouté l'élément manquant, c'est-à-dire le Eufeeling, vous serez prêt à devenir une locomotive à guérir.

CHAPITRE 10
EUFEELINGS ET SENTIMENTS

« La paix est un papillon qui, lorsque vous courez à sa poursuite, vous échappe toujours à l'instant de le saisir, mais qui, si vous vous asseyez au calme, viendra se poser sur vous. »

NATHANIEL HAWTHORNE

Quelle est la différence entre la colère, la fierté, l'inquiétude, le chagrin entre autres sentiments et le Eufeeling de paix, de joie et de bonheur ? Pour faire simple, les sentiments, sont soumis à condition, tandis que les Eufeelings ne le sont pas. Les sentiments proviennent d'autres sentiments, ou sont créés par des pensées et des circonstances. Les Eufeelings émergent en ligne directe de la conscience pure. Lorsque vous vous mettez en colère, il y a une raison à cela. Par exemple, vous vous mettez en colère contre votre épouse parce qu'elle n'a pas remis le bouchon sur le tube de dentifrice. Vous éprouvez de la tristesse parce que l'un de vos proches s'en est allé. Vous êtes tracassé parce que vous ne savez pas comment vous allez payer vos factures. Il existe toujours des conditions préalables à tous les sentiments que nous éprouvons, que nous en soyons conscients ou non.

Les Eufeelings[1] sont des sentiments inconditionnels, autrement dit qui ne sont pas soumis à condition. Ils n'ont pas et n'ont aucun besoin d'avoir une raison particulière pour être. Ils sont, c'est tout. Par exemple, le sentiment de paix peut se manifester, quel que soit le lieu et le moment. Lorsque vous savez faire, vous pouvez trouver la paix, tel l'œil d'un cyclone, y compris lorsque vous êtes pris dans une tornade émotionnelle. Lorsque vous êtes conscient du Soi, c'est-à-dire de la conscience pure, vous ressentez de la paix, en même temps que vous êtes en train de réfléchir ou de faire quelque chose. Vous pouvez même ressentir que la paix a toujours été présente, mais que vous n'y faisiez pas attention. La paix est l'état d'être naturel dans lequel vous vous trouvez, lorsque vous n'êtes pas attrapé dans la spirale émotionnelle des sentiments conditionnels du quotidien. Lorsqu'on n'est pas familiarisé avec la conscience pure, cette affirmation est difficile à croire. Ce ne sera plus le cas lorsque vous aurez appris le Quantum Entrainment. Le QE dirige sans effort votre niveau de conscience habituel vers

1. NDT : terme condensé en anglais de « feelings/sentiments » et « euphoric/euphoriques », signifiant « joie sans objet » ou « félicité ».

la conscience pure et amène naturellement les Eufeelings, qui miroitent dans les recoins ensommeillés de votre esprit.

Les Eufeelings émergent en ligne directe de la conscience pure.

Les sentiments conditionnels ont été créés par votre esprit et sont assujettis au temps. Ils servent les besoin de l'ego, qui désire avant tout diviser et conquérir. Les sentiments conditionnels fonctionnent avec leurs opposés. Le bonheur s'oppose à la tristesse et l'amour à l'isolement. De plus, ils sont toujours associés avec le passé ou le futur. Les Eufeelings n'ont pas d'opposés. Ce sont des mélodies éthérées de la conscience pure, qui recouvrent en douceur les berges lointaines de votre esprit. Leur chant est toujours présent, mais on y prête rarement attention. Elles sont l'expression première et ténue de l'éternité qui nous définit.

L'expérience du Eufeeling premier qu'est la paix peut également se reconnaître dans le silence ou l'immobilité, la joie, la sérénité, l'amour inconditionnel, l'extase ou le ravissement procuré par la sensation d'unité. Chaque Eufeeling contient en lui tous les Eufeelings. Lorsqu'on est en paix, on se sent calme. Si vous êtes vigilant, vous verrez que le sentiment de paix préexiste à la joie. C'est au cœur du plus grand silence que vous trouverez aussi l'innocence de l'amour illimité, prêt à vous entourer de son étreinte subtile.

Si les Eufeelings existent par eux-mêmes, ils peuvent néanmoins produire à l'esprit des sentiments conditionnels. Une joie pure, par exemple, amènera peut-être un sentiment de plaisir ou de bonheur. Du point de vue de l'esprit, un Eufeeling est toujours assimilé au bonheur. Dans ce cas, le sentiment conditionnel de « bonheur » existe en vertu d'une raison. Et cette raison est le Eufeeling de joie. Des sentiments conditionnels tels que la colère ou le désir sexuel produisent d'autres sentiments conditionnels. Mais un sentiment conditionnel ne pourra jamais engendrer un Eufeeling.

Lorsque vous savez faire, vous pouvez trouver la paix, tel l'œil d'un cyclone, y compris lorsque vous êtes pris dans une tornade émotionnelle.

C'est là un point très important. Nous devons faire la distinction entre les sentiments qui sont générés au cœur de l'esprit pour apaiser la propension de l'ego à la discorde et les Eufeelings, qui sont les dépositaires de la paix et d'une harmonie sans limites. Si nous échouons à le faire, nous resterons enchaînés à la roue folle des turbulences émotionnelles qui ont amené notre monde au seuil de l'annihilation. Cela bien compris, il est relativement facile d'y remédier. Faites d'abord l'expérience de l'harmonie universelle de la paix, de la joie et de l'amour et laissez la guérison s'opérer de l'intérieur.

Si l'esprit était une ampoule électrique, alors la conscience pure serait l'électricité qui permet d'allumer l'ampoule. Les Eufeelings seraient la lumière produite par l'électricité qui passe au travers du filament. Les sentiments conditionnels seraient des modifications présentes dans le verre de l'ampoule, des couleurs, pourrait-on dire, ou des gravures, voire des bulles ou des plissures. Pour porter l'analogie un peu plus loin, on peut imaginer que l'ampoule serait bleue lorsque vous vous sentez déprimé, rouge lorsque vous êtes en colère et ainsi de suite. Même lorsque le verre de l'ampoule est bleu, la lumière à l'intérieur de l'ampoule, n'en demeure pas moins claire et pure. Elle ne réfléchit le bleu que lorsque qu'elle passe au travers de l'ampoule. Les Eufeelings sont toujours clairs et purs, et même lorsque nous sommes déprimés ou en colère, les Eufeelings sont présents. Lorsqu'on s'identifie à la « condition bleue » du moment, on passe à côté de la pureté et de la paix qui illuminent en permanence, avant d'être réfléchies.

> Si l'esprit était une ampoule électrique, alors la conscience pure serait l'électricité qui permet d'allumer l'ampoule.

Sans vouloir poursuivre l'analogie trop loin, on peut quand même soulever un autre point important. Lorsqu'on rencontre des gens qui sont déprimés, en colère, irritables, ou carrément irascibles, on a tendance à ne remarquer que le type de lumière qu'ils réfléchissent. On ne remarque que l'émotion et on rate la pureté qui est cachée derrière le reflet. Lorsqu'on pratique le Quantum Entrainment, la découverte des Eufeelings fait partie du processus. Ils galvanisent la guérison. Avec la pratique et au fil du temps, on reconnaît plus facilement la pureté première qui préside à la pensée ou à l'action. C'est une compétence qui rejaillit très vite dans la vie de tous les jours et on arrive à reconnaître spontanément la paix, la joie et l'amour illimité derrière chaque comportement.

Et c'est parce que nous connaissons l'existence de la conscience pure en nous-mêmes et savons la reconnaître chez les autres, que nous nous laissons de moins en moins influencer par les comportements négatifs. L'opportunité nous est laissée de nous réjouir, chaque fois qu'à un moment donné, un Eufeeling vient dans notre esprit, tel un reflet de paix, de félicité ou d'amour sans limite. On devient plus tolérant et plus aimant vis-à-vis des autres, autant que de nous-mêmes. De l'acceptation de nos imperfections et des comportements qui en découlent, naît une liberté merveilleuse qui pose les bases d'une vie de paix au quotidien.

CHAPITRE 11

LES TROIS « P » DE LA QE INTENTION[1]

« Celui qui choisit le commencement de la route, choisit la destination. »
Harry Emerson Fosdick

En quelque sorte, on peut donc dire que la conscience pure est l'ingrédient principal du Quantum Entrainment. Lorsque la conscience pure réfléchit à notre esprit, il y a création du second ingrédient, le Eufeeling. Le Quantum Entrainment nécessite un troisième composant, dont nous devons parler maintenant, pour parachever la description de ce processus en trois temps. Ce troisième composant, c'est l'intention.

1. NDT : QE Intention™, titre protégé à partir du quatrième ouvrage de l'auteur, intitulé *Eufeeling ! The Art of Creating Inner Peace and Outer Prosperity*, Hay House, août 2012.

L'intention donne à la conscience pure une direction. Elle informe ce qui n'a pas de forme, de celle que nous voulons qu'elle prenne. Lorsque vous allez chercher un repas au drive-in de votre restaurant rapide préféré, vous passez votre commande sur une tablette électronique ou directement à l'interphone, vous roulez en première jusqu'au guichet de retrait et vous retirez votre menu sandwich-frites-Coca. Vous vous fichez un peu de ce qui se passe à l'intérieur du restaurant. Le QE, c'est un peu la même chose que de commander un Happy Meal. Vous passez commande pour une guérison, vous faites un petit tour par la conscience pure et les résultats sont là devant vous, lorsque vous revenez à la vie réelle. Un peu tiré par les cheveux, j'en conviens, mais ça a le mérite de dire ce que ça veut dire. L'intention figure le moment où vous passez votre commande. Peut-on faire plus simple ?

L'intention donne à la conscience pure une direction.

Dans le monde où nous vivons, il existe toutes sortes d'intentions. Certaines intentions sont nettes et simples, tandis que d'autres proviennent de motivations complexes. Dans notre cas, l'efficacité requiert la simplicité. L'intention quantique comprend trois éléments. Chacun de ces éléments commence par un « P ».

Les trois « P » de l'intention quantique sont les suivants :

Présent
Précis
Positif

« Présent » pour maintenant, à l'instant. « Précis » parce que vous devez identifier clairement ce que vous voulez guérir et « Positif » signifie que vous abordez la situation comme si vous aviez déjà obtenu la guérison. Une intention négative consisterait à prendre position contre quelque chose, comme par exemple le fait de vouloir éliminer la douleur ou de lutter contre des cellules cancéreuses. Avec le processus du QE, il n'y a pas besoin de formuler une intention négative. Ce serait même contre-productif.

Nous ne voulons pas livrer bataille contre la douleur ou quoi que ce soit d'autre. La douleur n'est pas un ennemi, c'est une aberration. La douleur est comme un enfant qui se conduit mal et qui a besoin d'amour et de directives. L'intention quantique ressemble plus à une invitation qu'à autre chose. C'est une invitation faite à la conscience pure, d'honorer notre corps/esprit de sa présence. En retour, la conscience pure aime nos douleurs et nos problèmes indélicats. L'étreinte aimante de la conscience pure finit par dissoudre toutes les dissonances.

Le QE, c'est un peu la même chose que de commander un Happy Meal.

Par le biais d'un exemple, voyons ce que pourrait être une intention quantique. Si vous voulez guérir une entorse de la cheville, vous pourriez formuler votre intention de la manière suivante : « *Une cheville qui fonctionne normalement, sans douleur et sans œdème.* » Remarquez combien la formulation est simple et pragmatique. Il n'y a pas besoin d'autre chose. La simplicité de l'intention est suffisante pour donner à la conscience pure, le cadre nécessaire pour exercer son pouvoir de guérison. L'intention identifie la cheville (Précision), comme si c'était déjà fait au moment où on formule l'intention (Présent), en situation d'être guérie (Positif). Vous comprendrez vite que vous n'avez qu'à vous concentrer sur le produit fini et la conscience pure fera le reste. On ne peut pas faire moins compliqué. Concentrons-nous maintenant sur l'ingrédient essentiel des trois étapes du processus QE.

CHAPITRE 12
TROUVER LA CONSCIENCE PURE

« La conscience est première ; c'est l'état originel, sans commencement, sans fin, sans cause, sans origine, sans soutien, sans parties séparées, sans changement. »

Nisargadatta

« La conscience n'est pas sélective. Elle est l'espace absolu dans lequel tout arrive. »

Karl Renz

Ce qui rend le Quantum Entrainment tellement simple et pourtant si efficace, c'est qu'il puise dans l'inépuisable propension de la conscience pure à remettre de l'ordre. Il va de soi que l'initiateur du processus QE se doit de savoir ce qu'est la conscience pure d'une part, et comment entrer en contact avec elle d'autre part, ou plus précisément, comment prendre conscience de sa présence. La conscience pure a fait couler beaucoup d'encre. Ce que l'on en retient, c'est que les gens qui ont écrit sur le sujet nous disent qu'elle est très difficile à atteindre. On dit qu'il faut des années d'étude et de pratique pour mettre la main dessus. Moi je dis qu'il est impossible de l'atteindre et que vous ne mettrez jamais la main dessus. Tout simplement parce que vous l'avez déjà. On ne peut pas obtenir quelque chose que l'on a déjà. Ce n'est pas difficile, c'est impossible. C'est probablement la raison pour laquelle beaucoup d'entre nous éprouvent tant de difficulté à se rendre compte de sa présence. Nous pensons que la conscience pure est une chose que l'on peut se représenter, une chose que l'on peut saisir avec l'esprit. Mais dans la mesure où la conscience pure n'est rien par essence, on ne peut la saisir, ni avec la main, ni avec l'esprit. On ne peut pas même en faire l'expérience. Et c'est là un autre point important.

On ne peut pas obtenir quelque chose que l'on a déjà.
Ce n'est pas difficile, c'est impossible.

La conscience pure ne peut s'appréhender que par l'absence d'expérience. Souvenez-vous, c'est exactement comme lorsque vous avez fait la découverte de l'intervalle entre deux pensées. Il s'agissait d'une absence d'expérience, dont vous ne vous êtes rendu compte qu'après avoir recommencé à penser. L'esprit mental n'aime pas le « rien ». Ce qu'il aime, c'est jongler avec les idées, ou quoi que ce soit d'autre qui puisse attirer son attention. C'est ce qui rend la découverte de la conscience pure si difficile. C'est obligatoire. L'esprit n'a pas la capacité de connaître ce qui est « rien » et c'est pourquoi il élabore des philosophies pour le définir, ainsi que des techniques compliquées pour le trouver. Ensuite, il se délecte de sentiments conditionnels, comme l'autosatisfaction et la fierté, dans un effort effréné de se convaincre de sa réussite. Tout cela, forcément en vain.

On ne peut pas trouver la conscience pure en y travaillant. Mais on peut la trouver en n'y travaillant justement pas. L'astuce, c'est de faire en sorte que l'esprit soit occupé à autre chose et de pointer du doigt le fait que la conscience pure a toujours été là, en filigrane. C'est ce que nous avons fait lorsque nous avons découvert l'intervalle entre les pensées. Nous allons recommencer l'exercice, mais lorsque nous aurons terminé, vous serez capable de reconnaître la conscience pure instantanément et quand vous le désirez.

On ne peut pas trouver la conscience pure en y travaillant. Mais on peut la trouver en n'y travaillant justement pas.

Le procédé que nous allons suivre est très efficace, mais un peu plus long que l'exercice proposé au chapitre 5. Il vous faut un siège confortable et vingt bonnes minutes devant vous, pendant lesquelles vous ne serez pas dérangé. Les premières fois, évitez de faire cet exercice en position allongée. L'esprit est plus alerte lorsque le corps se trouve à la verticale.

Il existe plusieurs façons de pratiquer la technique de la conscience pure. J'ai fait en sorte que vous puissiez télécharger les consignes gratuitement[1] sur mon site *www.QuantumEntrainment.org, (avec le mot de passe qe31)*, au format MP3, de manière à ce que vous puissiez l'écouter sur votre ordinateur ou votre lecteur MP3, ou encore en faire un CD. L'autre possibilité est d'enregistrer le texte ci-dessous, afin de pouvoir l'écouter quand vous serez prêt. Vous pouvez aussi demander à quelqu'un de le lire à haute voix, mais dans ce cas, il ne doit y avoir aucune communication entre votre lecteur et vous-même pendant la durée du protocole. Une fois la lecture terminée, un temps de silence doit être respecté durant deux ou trois minutes, avant que vous n'ouvriez les yeux. À ce moment-là, vous ne devez pas entrer en communication avec votre lecteur, avant d'avoir pris conscience de la conscience pure les yeux ouverts. Dernière option, vous pouvez lire et relire les consignes plusieurs fois de suite et faire l'exercice de mémoire. Ça fonctionnera très bien aussi, mais vous aurez peut-être à faire plusieurs essais avant de prendre conscience de la conscience pure spontanément.

Ne vous inquiétez pas, je me tiens à votre disposition si vous avez des questions ou des difficultés. Vous pouvez me joindre à la page « contacter Franck », sur le site www.QuantumEntrainment.org. Et tant que vous y êtes, allez faire un tour sur le blog. Suivez simplement le lien

1. NDT : site en anglais.

qui se trouve sur la page d'accueil. Vous y trouverez des informations, ainsi que les commentaires des autres pratiquants du QE. N'hésitez pas à partager vos propres idées. D'une façon ou d'une autre, vous parviendrez tôt ou tard à connaître la conscience pure. Il y a de fortes chances pour que les informations contenues dans ce livre vous suffisent. Mais si vous désirez des conseils personnalisés, je suis à votre service. À présent, voyons comment on trouve la conscience pure.

EXPÉRIENCE N°4 : LA TECHNIQUE DE LA CONSCIENCE PURE

Asseyez-vous confortablement et posez vos mains de façon à ce qu'elles ne se touchent pas. Fermez les yeux et prenez conscience de votre main droite. Ne bougez pas la main. Prenez-en simplement conscience. Portez toute votre attention sur ce que vous ressentez dans la main droite. Essayez de sentir votre pouls et les tensions musculaires qui pourraient apparaître. Vous ressentirez peut-être des sensations gênantes, voire douloureuses. Des sensations variées peuvent apparaître, telle une sensation globale de chaleur ou au contraire de froid, une impression de détente ou au contraire de picotement.

- *(Poursuivez l'observation pendant 30 secondes.)*
- À présent, faites de même avec la main gauche.
- *(quinze secondes)*
- Puis, portez votre attention sur les deux mains en même temps.
- *(10 secondes)*
- Prenez simultanément conscience de vos deux poignets.

- *(À partir de cette étape, il suffit de passer 2 ou 3 secondes sur chacune des parties du corps.)*
- Les deux avant-bras, simultanément.
- Les coudes.
- Les bras.
- Les épaules.
- Prenez conscience de vos deux bras simultanément, de la l'extrémité des doigts jusqu'aux épaules.
- Prenez conscience de la partie haute de votre dos.
- Ensuite, prêtez attention au milieu de votre dos, puis au bas de votre dos.
- À votre dos dans son ensemble.
- Les deux flancs, de l'aisselle à la hanche.
- Prenez conscience de votre torse.
- Puis de la région abdominale.
- Puis de votre bassin. Prenez conscience de l'ensemble de la zone pelvienne.
- Prenez conscience de vos hanches.
- De vos cuisses.
- De vos genoux.
- De la partie inférieure de vos jambes.
- De vos chevilles.
- Prenez conscience de vos talons.
- De vos plantes de pieds.
- Du dessus de vos pieds.
- Prenez conscience de vos gros orteils simultanément.
- Du second orteil sur chacun des deux pieds simultanément.
- Du troisième orteil sur chacun des deux pieds simultanément.
- Du quatrième orteil.
- Du petit orteil.

- Prenez conscience de vos jambes, de vos bras et de votre torse.
- À présent, prenez conscience de votre cou.
- De votre menton.
- De vos mâchoires.
- De votre oreille droite.
- De votre oreille gauche.
- De votre lèvre inférieure.
- De votre lèvre supérieure.
- Prenez conscience de la ligne qui sépare les deux lèvres.
- Prenez conscience de votre narine droite.
- De votre narine gauche.
- De la pointe de votre nez.
- De votre nez dans son ensemble.
- Prenez conscience de votre paupière droite.
- De votre paupière gauche.
- De votre œil droit.
- De votre œil gauche.
- De votre sourcil droit.
- De votre sourcil gauche.
- De l'espace situé entre vos sourcils. Prenez conscience de cet espace qui sépare vos sourcils.
- De votre front.
- De l'arrière de votre tête.
- Du dessus de votre tête.
- De votre tête dans son ensemble.
- Prenez conscience de votre corps dans son ensemble, ou dit autrement, dans sa globalité.
- *(10 secondes)*

- À présent, prenez conscience d'une zone autour de votre corps, d'une zone d'environ 50 cm autour de votre corps, comme un œuf de forme ovale ou ronde, qui vous envelopperait.
- *(10 secondes)*
- À présent, agrandissez votre champ de conscience en vous éloignant de votre corps.
- *(5-6 secondes. À partir de maintenant, gardez chaque objet à l'esprit, durant 5 ou 6 secondes)*
- Prenez conscience du fait que votre conscience emplit toute la pièce.
- À présent, élargissez votre champ de conscience au-delà de la pièce dans laquelle vous vous trouvez et étendez-la à l'immeuble entier ou au bâtiment dans son ensemble.
- Agrandissez encore votre champ de conscience au-delà, en délimitant une zone qui entoure le bâtiment.
- Faites un zoom arrière et prenez conscience de la ville dans son ensemble.
- Augmentez rapidement le zoom arrière et prenez conscience d'une zone entourant la ville, les îlots de campagne et les communes avoisinantes.
- Le département dans son entier et les départements adjacents.
- Prenez conscience de la France dans son ensemble.
- De toute l'Europe.
- De la Terre entière. Prenez conscience de la Terre dans son ensemble, qui tourne silencieusement et sans faillir, sur son axe.
- Votre champ de conscience continue à s'élargir. La Terre devient de plus en plus petite, jusqu'à devenir un point brillant de la taille d'une étoile.
- Votre champ de conscience continue à s'élargir et vous voyez le soleil passer de côté dans votre champ de vision, silencieusement.

- Il devient de plus en plus petit et n'est plus qu'une étoile parmi d'autres dans l'univers.
- Vous prenez conscience des millions et des milliards d'étoiles qui remplissent l'univers. Tout cela se trouve dans votre champ de conscience.
- Votre champ de conscience poursuit son expansion et la galaxie dans laquelle nous nous trouvons prend forme sous vos yeux. Elle tourne silencieusement sur son axe, puissamment.
- Et votre conscience continue à s'élargir, jusqu'à ce que notre galaxie ne soit plus qu'un point de la taille d'une étoile.
- Elle disparaît au milieu des milliers et des milliards de galaxies qui remplissent l'univers.
- L'ensemble de la création prend la forme d'un œuf en suspension, existant dans le champ de votre conscience.
- Votre champ de conscience s'élargit encore, et l'œuf de la création devient de plus en plus petit.
- Il n'est plus que de la taille d'un pamplemousse.
- D'une orange.
- D'un citron.
- D'un petit-pois
- De la taille d'une unique étoile, qui brille dans l'univers.
- Votre champ de conscience s'élargit toujours et toute la création n'est plus qu'un rayon d'une rare intensité lumineuse, en suspension dans votre champ de conscience qui ne connaît plus de limites.
- Puis toute la création, ce rayon lumineux intense, disparaît.
- *(30 secondes)*
- Reprenez maintenant conscience de votre corps dans sa globalité.
- *(quinze secondes)*

- Soyez conscient de la pièce où vous êtes assis et de votre conscience, qui remplit la pièce. Tout ce qui est dans la pièce se trouve dans votre champ de conscience.
- *(quinze secondes)*
- Soyez conscient du fait que l'ensemble de la création se trouve dans votre champ de conscience.
- *(quinze secondes)*
- Soyez conscient de nouveau de votre corps dans sa globalité, qui se tient en position assise, dans votre champ de conscience.
- Restez ainsi 2 ou 3 minutes avant d'ouvrir les yeux. Maintenez l'ouverture et l'expansion de votre champ de conscience tandis que vous vous apprêtez à ouvrir les yeux, doucement.
- *(1 minute)*
- Ne vous pressez pas. Prenez tout votre temps pour revenir, alors que votre conscience continue à baigner la pièce, sans efforts.

- *(1 minute)*
- Les paupières toujours fermées, bougez vos doigts et vos orteils, ou étirez-vous légèrement. Soyez attentifs à votre conscience, qui infuse votre corps et emplit la pièce.
- *(30 secondes)*
- À présent, ouvrez les yeux en maintenant votre champ de conscience élargi au volume de la pièce.
- *(10 à quinze secondes)*
- À présent que vous avez les yeux ouverts, êtes-vous toujours conscient de votre conscience qui remplit le volume de la pièce ? Ça a toujours été le cas, mais vous venez juste de découvrir l'existence de votre conscience en dehors de vous-même.
- Comment vous sentez-vous ?
- *(5 à 7 secondes)*

- Ressentez-vous de la paix ou du calme. Une légèreté ? Une forme de bonheur ?
- *(5 à 7 secondes)*
- Le bien-être tranquille que vous ressentez est un Eufeeling. C'est un reflet de la conscience pure dans votre esprit. Que votre ressenti s'apparente à de la joie, à de la paix ou bien de la sérénité n'a aucune importance. C'est là ce qui se produit lorsqu'on devient conscient de la conscience pure.
- Êtes-vous toujours conscient de votre conscience qui emplit la pièce à l'instant ?
- *(3 à 5 secondes)*
- Vous voyez, elle est toujours là. Elle est toujours là et à présent, vous en aurez toujours conscience, quand vous le souhaiterez. Refaites-le encore une fois. Prenez conscience de votre conscience qui emplit toute la pièce.
- *(3 à 5 secondes)*
- À présent, prenez conscience de votre conscience dans l'ensemble de votre corps.
- *(3 à 5 secondes)*
- Elle est là aussi ! La conscience pure est partout. Elle est le manteau dont vous avez oublié qu'il est sur votre dos. Vous n'avez qu'à vous en souvenir pour savoir qu'il est bien là et vous tient chaud. Chaque fois que vous pensez à la conscience pure, c'est-à-dire, chaque fois que vous en prenez conscience, vous la trouverez. Où que vous soyez, elle est là et attend votre prise de conscience. Prenez l'image d'un nouveau-né. Lorsque l'enfant appelle sa mère, il n'a qu'à regarder autour de lui pour s'apercevoir que sa mère le surveille d'un œil attentif et aimant.

- Allez-y, votre mère est-elle là, qui vous regarde ? Prenez conscience de votre conscience qui emplit la pièce, votre corps et la création dans son ensemble.
- *(5 à 7 secondes)*
- Cela ne vous a pas demandé beaucoup d'effort, n'est-ce pas ? Vous n'avez rien eu à faire de particulier pour trouver la conscience pure, n'est-ce pas ? Vous avez simplement pris conscience du fait qu'elle était là. Vous voyez bien que vous n'avez pas besoin d'une technique pour trouver la conscience pure, quitte à la perdre lorsque vous arrêtez de pratiquer la technique en question. Vous serez conscient de la conscience pure pour toujours et sans aucun effort. N'est-ce pas tout simplement génial ?
- Bien, une chose encore. Fermez les yeux à nouveau et prenez conscience de votre conscience qui emplit la pièce.
- *(quinze secondes)*
- À présent, prêtez attention à ce que vous ressentez, concentrez-vous sur votre Eufeeling et essayez de l'identifier. S'agit-il d'un sentiment de paix, de sérénité, de calme, de bonheur, ou autre ? Retrouvez votre Eufeeling et observez-le un moment.
- *(8 à 10 secondes)*
- Agréable, n'est-ce pas ? Maintenant, ouvrez les yeux. Prenez conscience de la conscience, tout autour de vous, et identifiez de nouveau votre Eufeeling, mais cette fois, les yeux ouverts. Qu'il soit identique ou différent n'a pas d'importance. Soyez simplement attentif au Eufeeling que vous ressentez à l'instant où vous l'observez.
- *(8 à 10 secondes)*

Afin de vous préparer à mettre en place une séance de guérison à l'aide du Quantum Entrainment, je vous invite à prendre conscience de la conscience pure, ainsi que du Eufeeling associé à ce moment-là, régulièrement au cours de vos journées. Les premières fois, vous aurez besoin de vous isoler et de fermer les yeux. Mais petit à petit, vous parviendrez à être conscient de vos Eufeelings, même en voiture aux heures de pointe. Souvenez-vous que vous devez d'abord prendre conscience de la conscience pure. Tandis que vous observez ou ressentez la conscience pure, votre Eufeeling fera son apparition, sans aucun effort de votre part. S'il est facile de prendre conscience de la conscience pure, l'esprit a besoin d'un peu de temps pour s'habituer à ressentir un sentiment positif qui ne serait pas associé à une quelconque activité. Le Eufeeling est l'activité la plus subtile de l'esprit et il faut quelque temps pour que votre esprit, actif par ailleurs, s'habitue à se maintenir à un tel niveau de quiétude.

Bien, on va s'arrêter là pour le moment. Je suis heureux de vous compter parmi les nouveaux éveillés. Savourez pleinement votre conscience nouvelle ainsi que la joie dont elle ne manquera pas de vous gratifier.

CHAPITRE 13
GUÉRIR EN TROIS TEMPS

« Les miracles ne se produisent pas contre la nature, mais seulement à l'encontre de ce que nous connaissons de la nature. »

SAINT AUGUSTIN

« Il n'existe que deux façons de vivre votre vie. Soit vous considérez que rien ne tient du miracle, soit vous considérez que tout est miracle. »

ALBERT EINSTEIN

L'opération de guérison par le biais du Quantum Entrainment consiste en fait à comprendre que l'initiateur ne réalise aucune guérison de son propre chef. Il ne s'agit pas de créer de l'énergie positive destinée à venir à bout d'une énergie négative. Il n'est pas question d'en appeler à d'autres forces ou à des formules pour répondre à notre demande, ni de créer une ambiance quelconque qui permettrait à la guérison de se faire. Le Quantum Entrainment pioche, faute d'un mot plus approprié, dans le champ de l'ordre parfait. À partir de là, vous n'accomplissez rien et tout se fait tout seul. Pour s'y retrouver, j'emploierai le mot consacré de guérison, disant « vous guérissez », ou « j'ai guéri », mais comprenons bien que ça n'est pas vrai, au sens strict du terme. Si nous devons nous préparer à créer une situation de guérison, il nous faut aborder la chose d'un point de vue juste. Lorsque je dis que nous n'opérons pas la guérison, il ne s'agit pas là d'une philosophie de ma part, ni d'un air que je voudrais me donner. C'est un fait qui repose purement et simplement sur l'observation. Cette présence thérapeutique n'est pas une présence extérieure qui nous dépasse. Elle n'est que notre propre essence, la conscience pure, rien de plus et rien de moins.

Le Quantum Entrainment pioche dans le champ de l'ordre parfait.

Vous serez stupéfait de constater le pouvoir que détient votre conscience. Mais sachez que vous ne possédez pas ce pouvoir. Vous êtes ce pouvoir. Vous en ferez bientôt l'expérience directe. Vous glisserez au-delà des frontières qu'avec méticulosité vous vous êtes créées au cours des dernières décennies, afin de définir votre petit moi. Ces frontières ont limité votre conscience à un certain nombre de pensées et de choses qui ont servi à renforcer votre concept du « moi ». Tout cela sera mis de côté, dès votre première expérience du Quantum Entrainment.

Vous serez stupéfait de constater le pouvoir que détient votre conscience. Mais sachez que vous ne possédez pas ce pouvoir. Vous êtes ce pouvoir.

À présent, retroussons nos manches et préparons-nous à rassembler les conditions d'une situation de guérison. Commençons avec un cas très simple. Imaginons que l'un de vos amis vous sollicite pour une épaule gauche douloureuse, ainsi que des contractures musculaires situées dans le haut du dos et dans le cou. Avec le QE, il n'est pas nécessaire de connaître la cause de la situation. La guérison s'opèrera automatiquement sur le plan causal. En tant qu'initiateur du Quantum Entrainment, vous n'avez besoin de connaître que ce que l'on souhaite. Apparemment, votre partenaire désire être soulagé de sa douleur et de ses tensions musculaires. C'est ce qu'on peut en déduire. C'est également votre intention. Dans cette situation, la formulation de l'intention pourrait donc être *libéré de la douleur dans l'épaule gauche et soulagé des tensions du haut du dos et du cou.* Avez-vous repéré les trois « P » de l'intention qui agissent dans la formulation ? Présent, précis et positif. Voyez-vous la simplicité de l'intention ? Nous n'avons besoin de rien de plus.

MISE EN PLACE DES CONDITIONS DE LA GUÉRISON

Avant de commencer, demandez à votre partenaire de bouger son épaule de manière à faire apparaître la douleur que vous voulez faire disparaître. Demandez-lui de vous montrer à quel point son amplitude de mouvement est diminuée, ainsi que tout ce qui vous paraît utile pour évaluer le retentissement de la situation au niveau corporel. Demandez-lui ensuite d'évaluer sa douleur sur une échelle de 1 à 10, le 10 figurant l'insupportable. Prenez-en note. Prenez l'habitude d'évaluer la situation avant et après, à l'aide de tests. Cela vous donnera un retour d'information fiable, particulièrement au début de votre pratique. Si vous êtes médecin, utilisez les mêmes méthodes d'évaluation que celles que vous utiliseriez pour un traitement traditionnel. Par exemple, un chiropraticien utiliserait des tests orthopédiques, des tests neurologiques, la palpation, ainsi que des radios, afin d'identifier le problème et objectiver les améliorations obtenues.

Prenez l'habitude d'évaluer la situation avant et après, à l'aide de tests.

Prenez quelques secondes, afin de formuler mentalement une intention claire. Dans le cas présent, nous utiliserons l'intention *libéré de la douleur dans l'épaule gauche et soulagé des tensions du haut du dos et du cou.* Il vous suffit de formuler l'intention, mentalement, clairement et une seule fois. La conscience pure n'est pas sourde. Elle saura ce que vous voulez. Nous sommes prêts.

LA TRIANGULATION : LES TROIS TEMPS DU PROCESSUS QE

(*Schéma 5 : Triangulation sur le dos du partenaire.*) Vous ne devriez pas avoir de difficulté à repérer sur l'épaule, sur le cou ou sur le haut du dos de votre partenaire, un muscle qui vous semble tendu ou douloureux au toucher. Posez la pointe de votre index (Point de contact A) sur ce muscle. Appuyez fermement, afin de sentir à quel point le muscle est dur ou tendu. Relâchez votre pression et laissez la pointe de votre doigt en contact avec la peau. À présent, posez la pointe de votre autre index (Point de contact B) sur un autre muscle, pris au hasard. Il n'est pas nécessaire que ce second muscle soit tendu ou douloureux au toucher. Choisissez simplement un muscle au hasard et posez votre doigt.

SCHÉMA 5 – LA TRIANGULATION

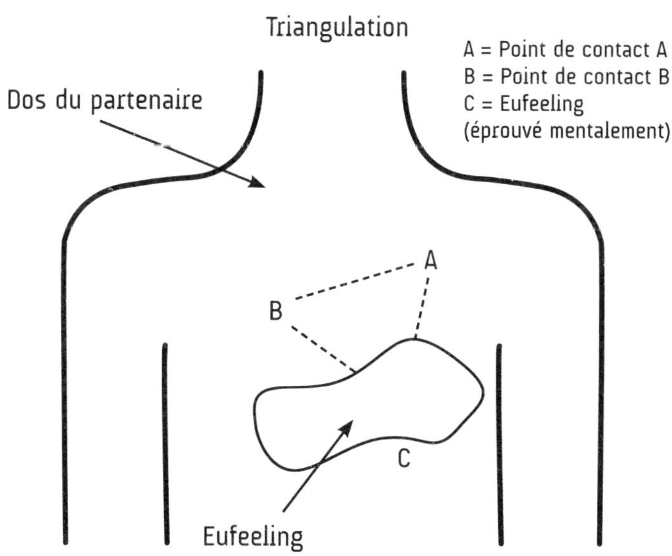

À présent, portez toute votre attention sur votre premier doigt (Point de contact A) et prenez pleinement conscience de ce que vous ressentez. Prenez le temps de ressentir la chaleur qui se dégage du muscle de votre partenaire sur le bout de votre index. Ressentez la texture de la peau ou du vêtement, la tension du muscle qui s'oppose à la pression de votre doigt et ainsi de suite. Prenez conscience de tout ce que vous pouvez ressentir, au point de contact entre votre doigt et le muscle.

Ensuite, portez toute votre attention sur l'extrémité de votre second index (Point de contact B), exactement comme vous l'avez fait avec le premier. Concentrez-vous maintenant sur le ressenti exact que vous éprouvez, venant des *deux index en même temps*. Entretenez et maintenez ce ressenti dans votre champ de conscience durant plusieurs secondes. Tandis que vous êtes pleinement conscient des index en même temps, vous remarquerez qu'il existe alors une part de vous-même qui se tient dans l'observation du processus en marche. Vous, c'est-à-dire votre conscience, êtes conscient des deux index en même temps. Jusqu'ici, vous aviez conscience du point de contact A, ainsi que du point de contact B, et vous aviez conscience du fait que vous étiez conscient des deux points en même temps. Que vous perceviez ou non ce phénomène n'a pas vraiment d'importance, car cela se produit naturellement, sans effort de votre part.

Durant tout le temps où vous maintenez ces deux points dans votre champ de conscience, ne faites surtout rien.

Faites simplement très attention aux sensations qui vous parviennent dans le bout de vos doigts, et c'est tout. Si vous vous concentrez sur vos deux doigts en même temps et rien d'autre, vous ressentirez vite une sorte de calme ou de quiétude, voire un sentiment de paix. Il s'agit là d'un Eufeeling généré par l'expansion de votre champ de conscience. À ce stade, prenez conscience de votre Eufeeling, tout en maintenant les points de contact A et B dans votre champ de conscience.

À présent, vous disposez de trois points d'ancrage de la conscience : le point A, le point B et votre Eufeeling. Le fait de maintenir ces trois points dans votre champ de conscience s'appelle la « triangulation. » Continuez à maintenir ces trois points dans votre champ de conscience jusqu'à ce que vous ressentiez un changement dans le corps de votre partenaire, particulièrement au niveau musculaire. (lorsque vous êtes en phase d'apprentissage du QE, cela peut demander plusieurs minutes.) Il peut s'agir d'un relâchement musculaire tel que vos doigts ressentent moins de pression. Il est également possible que votre partenaire se détende globalement. Ses épaules se relâchent, il pousse un soupir ou se met à inspirer profondément. Si la séance se déroule en position debout, il est possible que votre partenaire se mette à vaciller ou que ses genoux se dérobent sous lui quelque peu.

Tous ces changements indiquent que le corps de votre partenaire est en train de se guérir. Il est en train de se réorganiser pour éliminer la douleur et la tension, qui ne sont que des manifestations de désordre. Lorsque vous remarquez l'un ou l'autre de ces indicateurs, poursuivez la triangulation encore un peu. Puis ôtez vos doigts. Félicitations. Vous venez de réaliser votre première séance de Quantum Entrainment. Simplement avec deux doigts et votre Eufeeling, vous venez d'éliminer la souffrance de votre partenaire !

Mais que fait donc votre partenaire durant le temps de la séance ? Rien. Il ne fait absolument rien. Mes partenaires me demandent souvent s'ils doivent faire de la relaxation, de la méditation ou répéter mentalement leur souhait de guérison. Ils doivent surtout ne rien faire, au risque de ralentir le processus, ou même de contrer vos efforts et il y a une raison à cela. Lorsque l'esprit est occupé à faire autre chose, son ouverture à l'influence thérapeutique générée par le QE est moindre, tandis qu'un esprit au repos tombera facilement et naturellement dans le bain thérapeutique de la conscience pure.

Faites en sorte que vos partenaires se sentent à l'aise. S'ils le souhaitent, ils peuvent fermer les yeux, mais ça ne va pas plus loin que ça. S'ils désirent absolument apporter leur contribution, vous pouvez leur dire que ce qu'ils ont de mieux à faire est de laisser leur esprit vagabonder à leur gré. Le Quantum Entrainment fonctionne très bien, même dans les circonstances les plus éprouvantes. Vous aurez peut-être un jour à pratiquer en présence d'un partenaire en grande souffrance physique ou psychologique. Vous pouvez être amené à pratiquer le QE dans un box, aux urgences, ou bien dans un supermarché noir de monde ou dans toute autre situation perturbante. Et pourtant la guérison aura lieu. Ne vous sentez donc pas limité par ces contingences. Si vous avez le choix, il est évidemment préférable de pratiquer dans un environnement approprié et avec un partenaire coopératif.

LA SÉANCE DE QE EN SUBSTANCE

- Le partenaire décrit sa douleur
- Évaluation avant séance
- Prise de conscience au point de contact A
- (muscle douloureux ou tendu)
- Prise de conscience au point de contact B
- Prise de conscience des points de contact A et B en même temps
- Attendre le Eufeeling
- Maintien de A, de B et du Eufeeling dans le champ de conscience
- Relâchement du muscle au point de contact A (ou autres signes de relâchement)
- Évaluation postséance

CHAPITRE 14
APRÈS LA SÉANCE

« C'était le coup de foudre, l'amour éternel : un sentiment inconnu, inattendu, qu'il n'espérait pas – si tant est que cela pût être une affaire de conscience lucide, cet amour prit possession entière de son être et il comprit, avec un étonnement radieux, que c'était pour la vie. »

Thomas Mann

Permettez-moi de vous poser la question suivante : à la fin de votre séance de QE, ne vous sentiez-vous pas détendu et en paix ? Le Quantum Entrainment guérit celui qui guérit comme celui qui est guéri. Hormis le ravissement étonné en fin de séance, il y a des chances pour que votre partenaire et vous-même vous sentiez plus calmes et un peu plus en paix. Le corps mis en présence du pouvoir thérapeutique de la conscience réagit par le relâchement. Le sentiment de paix est le reflet de la conscience pure dans l'esprit.

Veillez à ce que votre partenaire se sente à l'aise. Après une séance de QE, il arrive que certaines personnes se sentent quelque peu désorientées. L'afflux soudain de conscience pure est susceptible de les propulser un petit moment en dehors de ce monde. Après la séance, il est possible qu'elles aient besoin d'un peu de temps pour que le corps et l'esprit reviennent dans l'ici et maintenant. Si cette situation se produit, sachez que cela ne dure généralement pas plus de quelques minutes. Laissez-leur le temps de se reprendre.

Le Quantum Entrainment guérit celui qui guérit comme celui qui est guéri.

Après une séance de Quantum Entrainment prolongée, il arrive parfois que votre partenaire ait besoin de plus de temps pour s'adapter à son nouveau corps. Il est possible qu'il se sente si fatigué et tellement détendu qu'il n'a pas envie de bouger. Dans la mesure du possible, laissez-lui le temps de se reposer. Cela veut simplement dire qu'un grand nombre de tensions physiques et émotionnelles sont en train d'être débloquées. Le repos est le moyen le plus efficace d'opérer la transition. Après tout, le repos soigne tous les maux et la conscience pure représente le repos le plus approfondi qui soit. Si votre partenaire n'a pas la possibilité de se reposer de suite, conseillez-lui de se coucher tôt ce jour-là. Il se réveillera au matin avec un regain d'énergie considérable et l'impression d'exister dans un monde nouveau.

Après tout, le repos soigne tous les maux et la conscience pure représente la qualité de repos le plus approfondi qui soit.

Le meilleur moment pour réaliser votre évaluation post QE se situe dès la fin de la séance de Quantum Entrainment, à condition que votre partenaire soit stable. Demandez-lui de faire la même chose qu'en début de séance et d'évaluer le niveau de douleur sur une échelle de 1 à 10. Dans le cas de notre exemple, demandez à votre partenaire d'exécuter avec son épaule les mêmes mouvements qu'en début de session et d'évaluer la douleur et la tension musculaire comme auparavant. Dans les premières phases de votre apprentissage du QE, ce retour d'information est nécessaire. Votre partenaire aura également une idée plus objective de la guérison qui s'est opérée dans son corps.

La guérison qui s'opère au travers du QE parait tellement facile et rapide qu'il semble que rien de particulier ne se soit produit. Pour un grand nombre de partenaires, l'évaluation postséance fonctionne comme un révélateur. Je ne me lasse pas de voir leur tête au moment de l'évaluation postséance, lorsqu'ils s'aperçoivent qu'une restriction de mobilité vieille de trente années s'est envolée en trente secondes.

La guérison qui s'opère au travers du QE semble tellement facile et rapide, qu'il semble que rien de particulier ne se soit produit.

Le QE fonctionne toujours, mais pas toujours comme vous le voulez. C'est parce que la conscience pure détient une vision d'ensemble qui n'est pas la nôtre et qu'elle sait exactement comment la guérison doit s'opérer. On constate presque toujours un soulagement signifiant des symptômes, immédiatement après la séance. Si, dans un premier temps, le problème n'est pas complètement éliminé, c'est parce qu'il faut au corps un peu plus de temps pour intégrer les changements. Le processus de guérison va se poursuivre le lendemain, voire les jours et les semaines suivantes. Il n'est pas inhabituel, lors de mes ateliers du matin, que je n'obtienne après séance, qu'un abaissement de quelques points sur l'échelle de la douleur et que celle-ci ait complètement disparu au moment de la pause. Même si la conscience pure effectue bien l'action correctrice réelle dans l'instant de la triangulation, il est possible que le corps ait besoin de temps pour intégrer cette correction sur un plan physiologique. Nous nous attarderons plus longuement sur ce point un peu plus tard.

Il n'existe aucune règle selon laquelle vous ne pourriez pas refaire de suite une séance destinée à traiter une même situation. Si vous pensez que cela peut aider, faites-le. Ou encore mieux, faites plusieurs triangulations durant une même session. Conservez simplement votre point de contact A et déplacez le point B en différents endroits. Vous pouvez aussi déplacer les deux doigts. Cela dépend entièrement de ce qui vous semble être le mieux.

Pratiquez le QE aussi souvent que vous le désirez. Vous ne pouvez pas faire de mal. Laissez-moi simplement vous mettre en garde contre l'idée que plus est toujours mieux que pas assez. Ce n'est pas vrai. Vous devriez vous en tenir à l'idée qu'une seule séance de courte durée est suffisante pour traiter le problème. Un peu plus loin, je vous montrerai comment pratiquer le QE prolongé, mais pour l'instant et si vous le voulez bien, ne nous compliquons pas les choses et restons simples.

> Pratiquez le QE aussi souvent que vous le désirez. Vous ne pouvez pas faire de mal.

Le processus lui-même doit être ressenti comme un évènement particulièrement agréable. Si vous vous mélangez un peu dans les instructions, ne vous tracassez pas, c'est bien naturel au début. Le processus en lui-même est fluide mais le fait de se l'approprier par la lecture demande beaucoup plus d'effort que la pratique elle-même. Profitez de l'apaisement procuré par la conscience pure, suivez les instructions avec exaltation devant l'inconnu et prenez du plaisir. Tout le monde est capable de pratiquer le QE. Il n'y a aucune raison pour que vous n'y arriviez pas.

Bien que le Quantum Entrainment soit simple et que son efficacité soit immédiate, il s'agit là d'une nouvelle compétence et au début, il vous faudra pratiquer souvent. Souvenez-vous qu'un travail bien commencé est à moitié fait. Au début, plus vous obtiendrez de retours, plus vite vous gagnerez en efficacité dans l'application du Quantum

Entrainment. Pratiquez le QE avec tout le monde, avec vos amis, les membres de votre famille, vos voisins et même sur vos animaux de compagnie. Vous apprendrez bientôt le QE à distance, ce qui veut dire qu'il ne sera même pas nécessaire que votre partenaire soit présent. Vous avez la possibilité de créer une situation de guérison pour des proches situés à l'autre bout du monde, tout en restant assis confortablement à la maison.

Lors de vos premières séances, je vous suggère, à vous et à votre partenaire, de rester debout. De cette manière, vous aurez un retour plus précis des effets du Quantum Entrainment sur votre partenaire. Vous aurez plus de facilité à remarquer les indices, tels que les pertes d'équilibre et les inspirations soudaines, qui montrent que le Quantum Entrainment fonctionne. Ces indices ne sont pas aussi apparents en position assise ou allongée.

Au début de votre pratique, je vous recommande également de travailler sur le dos de votre partenaire, ou tout du moins à un endroit où il (ou elle) ne peut pas vous voir faire. Cela n'a aucune importance vis-à-vis de la guérison en tant que telle, mais cela lui permettra de mieux se détendre. Le Quantum Entrainment fonctionnera, quel que soit l'état d'esprit de votre partenaire. Il s'agit là bien plus de favoriser votre propre confort et votre concentration. Certains initiateurs sont quelque peu intimidés au début et peuvent se laisser distraire par un partenaire qui les regarde faire.

Le Quantum Entrainment fonctionnera quel que soit l'état d'esprit de votre partenaire.

Par ailleurs, il n'est pas absolument nécessaire que vous disposiez vos doigts exactement sur la zone qui fait l'objet de la plainte. Il est possible de poser ses doigts n'importe où sur le corps, en vue de guérir n'importe quelle autre zone, y compris les organes internes. Alors que je faisais la promotion de mon livre *Au-delà du bonheur*[1], l'un de mes collègues auteurs est venu me solliciter. Il me dit alors qu'il avait entendu dire que je faisais une sorte de drôle de chose, qui permettait de se débarrasser de la douleur. Je lui demandai ce qui le tracassait. Nous nous tenions en effet debout depuis un certain temps, et son arthrose avait entraîné une inflammation et un gonflement de son genou. Je fis un test préalable, en lui demandant simplement de s'appuyer sur son genou, de telle sorte que la douleur soit accentuée. Puis je lui demandai de s'asseoir sur un carton de livres. Je ne voulais pas me pencher en avant pour poser mes mains sur son genou et je plaçai donc mes doigts sur ses épaules. Il se retourna immédiatement pour me rappeler que c'était son genou qui le faisait souffrir. Je le rassurai sur le fait que je travaillais bien sur son genou. Je formulai l'intention mentalement et commençai la triangulation sur ses trapèzes. Moins d'une minute après, je lui demandai de se mettre debout comme précédemment, afin de tester son genou de

1. NDT, à paraître aux éditions Le Courrier du Livre.

nouveau. C'est donc ce qu'il fit et, je ne m'en lasse jamais, il ouvrit de grands yeux, avec un air tout étonné. Soulagé, il s'en retourna à son stand et vendit plus de livres que moi. Mes doigts s'étaient mis en contact avec ses épaules, mais l'intention avait fait ce qu'il fallait pour que ce soit bien le genou qui reçoive la guérison.

Parfois, la douleur ou d'autres symptômes, quels qu'ils soient, vont empirer avant de s'améliorer. Rassurez votre partenaire sur le fait qu'il n'y a rien d'anormal à cela. Dans ce type de cas, le corps éprouve le besoin d'exacerber sa situation pendant une courte période, afin que celle-ci puisse se résoudre. Persévérez dans la triangulation et la douleur s'atténuera rapidement. Même si c'est rare, il peut arriver que le partenaire éprouve trop de douleur pour pouvoir continuer la séance. Dans ce cas, interrompez le QE. Il est possible qu'il vaille mieux s'attaquer d'abord à un autre problème, ou encore que vous ayez intérêt à rester assis tranquillement un moment. Au bout de quelques minutes, faites une évaluation post séance et voyez si la situation initiale est toujours présente. Si c'est le cas, initiez le QE de nouveau. Il y a toutes les chances pour que la douleur disparaisse sans complication ultérieure.

Une dernière chose : dans la mesure où la guérison ne vient pas de vous, vous ne pouvez pas vous attribuer le mérite du résultat obtenu. C'est là un point très important. Car si vous n'êtes pas responsable du résultat, on ne peut pas non plus vous l'attribuer. Voyez-vous où je veux en venir ?

Si l'on ne peut vous attribuer le résultat de votre séance, vous pouvez donc vous autoriser à accepter le résultat, quel qu'il soit. Une acceptation pleine et entière des résultats du fruit de votre travail, qu'ils soient à la hauteur ou non des attentes, permet d'adoucir le conflit mental qui peut en résulter. Un esprit dans lequel le conflit n'a pas sa place est en capacité de réfléchir des Eufeelings. Et les Eufeelings, comme nous le savons, sont la condition sine qua non pour que la guérison puisse se déployer.

Si l'on ne peut vous attribuer le résultat de votre séance, vous pouvez donc vous autoriser à accepter le résultat, quel qu'il soit.

Autre point : lorsque vous êtes astreint à suivre un programme de séances, votre capacité à créer des situations de guérison s'en trouve forcément affaiblie. Imaginons, par exemple, qu'une radio locale ait entendu parler des nombreuses guérisons que vous auriez obtenues et qu'elle veuille réaliser un reportage sur vos compétences. À leur arrivée, la journaliste vous demande d'effectuer une séance de QE pour soulager son indigestion. Comme vous pressentez que vous feriez mieux de réaliser une prestation irréprochable, sans quoi l'interview risque de se terminer avant d'avoir commencé, vous vous mettez à avoir le trac. Vous prenez donc vos deux points de contacts A et B et attendez la survenue de votre Eufeeling. Vous êtes préoccupé par la nécessité de la soulager de son inconfort gastrique et vous anticipez déjà ce à quoi vous ressemblerez au flash info de 18h. Même en rêve, votre Eufeeling ne peut pas débouler comme un boulet de canon au beau milieu de votre conscience, tout simplement parce que vous êtes en train d'essayer de guérir avec votre pensée. Le Eufeeling faisant défaut, vous impulsez toute votre énergie en martelant mentalement votre intention. À ce stade, vous feriez tout aussi bien de lui trouver un comprimé de Maalox, car votre esprit dyspeptique n'est plus du tout en capacité de la soulager.

Le QE est un adjuvant puissant aux pratiques de santé traditionnelles.

Il est beaucoup plus aisé de commencer une séance en faisant savoir à votre partenaire que vous n'avez aucune idée du degré de guérison qui sera obtenu. Dites alors quelque chose comme « nous accepterons ce qu'il advient ». Il est également bon de mentionner le fait que tout ne sera pas immédiatement apparent, mais que le processus de guérison est susceptible de se poursuivre au cours des jours qui suivent. Enfin, vous pouvez indiquer qu'une amélioration durable nécessite parfois des séances supplémentaires.

Maintenant que vous savez comment initier les conditions de la guérison, j'ai pensé qu'il était prudent de vous donner quelques idées supplémentaires, afin de vous aider à élargir et à approfondir votre expérience. Nous avons très peu mentionné le processus dans la sphère psychologique et c'est pourtant un domaine où le Quantum Entrainment s'illustre avec brio.

Mais avant de commencer, j'aimerais saisir cette opportunité pour souligner l'évidence. On peut utiliser le Quantum Entrainment dans n'importe quelle situation et on devrait d'ailleurs toujours le faire, non pas en remplacement, mais en association avec les pratiques traditionnelles de soin. Cela ne peut que renforcer l'action d'autres protocoles thérapeutiques. Le QE approfondit les niveaux de guérison et raccourcit considérablement la durée totale des soins. Si on pratique le QE avant d'avoir consulté un professionnel de santé qualifié, il est fréquent que les symptômes disparaissent. Cependant, et même si les symptômes s'atténuent, il faut toujours consulter un professionnel afin de s'assurer qu'il n'existe pas d'autres étiologies sous-jacentes ou d'autres problèmes de santé jusque-là inconnus.

Plus vous pratiquez le QE, plus la guérison produira ses effets dans votre propre vie. Votre intimité croissante avec la conscience pure rejaillira dans votre vie quotidienne, vous permettant d'atteindre un niveau d'accomplissement inespéré. Sans aucun autre équipement que votre propre conscience et où que vous alliez, vous serez en mesure d'initier les conditions de la guérison. Fondamentalement, vous êtes en train d'apprendre à aimer. La joie éternelle et l'amour illimité ne peuvent pas être créés. Ils sont déjà là, sans quoi ils ne pourraient être ni éternels, ni illimités. Ils n'espèrent qu'une chose : que nous fassions leur découverte.

La conscience pure, c'est de l'amour pur. Être conscient est une autre façon de décrire l'amour inconditionnel mis en mouvement. Nous avons appris que l'amour peut tout obtenir. Aujourd'hui, l'opportunité nous est donnée d'en apporter la preuve. Si vous persévérez dans la pratique du Quantum Entrainment, vous goûterez la joie d'aider les autres et de recevoir leur gratitude en retour, pour avoir partagé ce processus dont la simplicité n'a d'égale que son immense potentiel. Et vous n'en êtes qu'au début. Attendez un peu de voir la suite.

CHAPITRE 15
LA GUÉRISON PSYCHOLOGIQUE

« Il faut avoir enduré un échec terrible, quel qu'il soit, ou bien avoir souffert d'une perte inestimable, pour se laisser attirer par la dimension spirituelle. Il peut s'agir au contraire de la réussite personnelle, qui, une fois vidée de son sens, se révèle être au fond un échec. »

EKHART TOLLE

« Quelle n'est pas notre déception, lorsque les choses ne se déroulent pas comme nous l'aurions voulu, prenons conscience de cela ! C'est cela, être libre. »

ANTHONY DE MELLO

Jusqu'à maintenant, nous nous sommes attachés à décrire l'application du Quantum Entrainment à des situations impliquant le niveau corporel. Mais il y a encore mieux. Le QE émotionnel s'avère être un outil puissant dans le traitement des souffrances psychologiques. Comme avec les déséquilibres d'ordre physique, on peut résoudre les conflits psychologiques instantanément. La souffrance psychologique prend souvent racine dans ce que notre esprit perçoit comme étant le passé. Or le Quantum Entrainment ne sait pas ce qu'est le passé, ni même le futur. Ces deux mots n'ont pas de sens. Ce ne sont que des illusions qui attachent l'esprit, pieds et poings liés à la spirale infernale de l'entropie. Cela veut dire que le fil du temps est créé dans l'esprit. C'est la fixation de l'esprit sur ce qui fut et sur ce qui sera qui plante les graines de la maladie psychique. Ces graines ne peuvent germer et s'épanouir que sous l'œil attentif du temps tout-puissant.

Si l'on se réfère à la physique quantique, le temps ne s'écoule pas. Le temps se dirige vers le déclin. Il se dirige mais n'est pas en mouvement, un peu de la même façon que l'aiguille d'une boussole pointe vers le Nord, sans pour autant se mouvoir dans cette direction. C'est le balayage effectué par notre conscience qui créé l'illusion du temps. Je m'explique.

Le QE émotionnel s'avère être un outil puissant dans le traitement des souffrances psychologiques.

J'adore aller au cinéma. Durant une ou deux heures, je me sens complètement absorbé dans l'illusion évidente qui se déroule devant mes yeux. Dès que je pose le pied dans la salle, je laisse mon quotidien derrière moi. En dépit du fait qu'un film ne soit jamais qu'un jeu d'ombres et de lumières, il n'en est pas moins la représentation de la plus grande illusion qui soit et que nous appelons « la vie réelle », juste là, dans la rue.

L'illusion du mouvement est créée dans notre esprit lorsque la pensée oscille entre le passé et le futur. Les pensées qui se rapportent d'un côté au futur et de l'autre au passé, créent une passerelle mentale, au-dessus du présent inamovible de la conscience pure. Notre conscience voltige d'une pensée à une autre, sans se rendre compte, entre deux, de l'existence de la conscience pure. C'est exactement comme le fait de regarder un film. Un film cinématographique est constitué d'une longue bande d'images individuelles. En l'espace d'une seule seconde, vingt-quatre images immobiles défilent en un éclair sur l'écran. C'est beaucoup plus que la somme d'informations que notre cerveau peut traiter d'un seul coup, et c'est pourquoi nous avons l'impression que les images immobiles sont en mouvement. C'est surprenant. Nous voyons du mouvement là où il n'y en a aucun. C'est là l'illusion que produit le cinéma.

Notre conscience voltige d'une pensée à une autre, sans se rendre compte, entre deux, de l'existence de la conscience pure.

De la même façon, le temps est l'illusion que produit l'esprit. Les pensées individualisées sont figurées par les images juxtaposées sur la bande cinématographique. Vous vous souvenez que chaque pensée émerge de la conscience pure et se fraye un chemin pour arriver sur l'écran de notre conscience. Elles surviennent si vite qu'il semble qu'elles soit en mouvement, exactement comme les images d'un film sur l'écran. Cette illusion du mouvement correspond à ce que nous appelons le temps.

Lorsque nous pensons à des évènements futurs, nous avançons dans le temps. Lorsque au contraire, nous nous remémorons nos souvenirs, nous reculons dans le temps. Tout ceci est un mouvement qui s'incarne dans l'esprit et n'existe nulle part dans l'univers, ailleurs que dans notre esprit. Même s'il peut se matérialiser autrement, le temps qui est le vôtre, votre futur et votre passé, n'est partagé par personne d'autre.

Le principe de fonctionnement d'un projecteur est simple. Une lumière blanche est projetée sur le film et crée ainsi une image à l'écran, devant les spectateurs. C'est le mouvement du film, vu au travers de la lumière, image par image, qui crée l'illusion du mouvement. Et nous, les spectateurs, contents et satisfaits, regardons les acteurs se démener avec le scénario, oubliant qu'il ne s'agit que d'ombres et de lumières, produites par la projection d'un faisceau lumineux au travers d'une série d'images, à l'arrière de la salle de projection. Nous pleurons et nous rions, comme s'il s'agissait de la réalité.

Notre vie est comme un film. Elle se déroule, pensée après pensée, minute après minute, année après année. Et nous, les spectateurs, sommes complètement absorbés dans le scénario de notre propre film. Nous nous tracassons au sujet des factures à honorer, nous adorons notre nouvelle maison, nous regardons nos enfants grandir, nous appréhendons l'idée de notre propre mort. Notre vie, comme un film, est illusion, un jeu d'ombre et de lumière. Ne me méprenez pas. Nos vies existent bien, mais pas de la façon dont nous le pensons. Ce malentendu sur notre identité génère des souffrances incommensurables, qui ne font que s'accroître au fil des générations.

Notre vie est comme un film. Elle se déroule, pensée après pensée, minute après minute, année après année.

Le Quantum Entrainment immobilise l'esprit dans sa course folle, l'obligeant à faire attention au présent, le privant de ses préoccupations en lien avec le passé et l'avenir, ôtant culpabilité, colère, anxiété et peur. Lorsqu'on effectue une triangulation sur un conflit d'ordre psychologique, on réverbère la lumière de la conscience pure sur le problème. Cette opération interdit instantanément de fonctionner en mode cinéma. Elle nous place momentanément hors de l'écran et nous installe parmi les spectateurs. De là, il est possible d'observer la dissonance des émotions et des évènements, avec le calme et la clarté d'esprit de la conscience pure. Le film de notre vie continue à se dérouler comme avant, mais sans être influencé par des émotions pénibles et douloureuses.

Le film de notre vie continue à se dérouler comme avant, mais sans être influencé par des émotions pénibles et douloureuses.

COMMENT FONCTIONNE LE QE ÉMOTIONNEL

Ôter la souffrance psychologique est aussi facile qu'éliminer la souffrance physique et peut-être plus encore. Il n'est même pas nécessaire de savoir ce qui cause la détresse émotionnelle du partenaire. D'ailleurs, je ne saurais trop vous recommander de prendre l'habitude d'inviter votre partenaire à garder son souci pour lui. Il existe trois raisons à cela : tout d'abord, cela garantit au partenaire un degré de discrétion qui peut se révéler bienvenu, surtout s'il ne vous connaît pas très bien ou souhaite simplement préserver sa vie privée. Ensuite, cela vous épargne d'avoir à affronter les émotions d'autrui. Cela pourrait en effet solliciter vos propres émotions. Et enfin, cela vous fait gagner du temps.

Le QE émotionnel ne présente aucun danger. Il ne s'agit pas d'une thérapie identifiée comme telle. Cette pratique ne requiert ni analyse ni formation, tout simplement parce que l'initiateur n'accomplit rien de son propre chef. La guérison s'accomplit lorsque le partenaire immerge son conflit psychologique dans les eaux thérapeutiques de la conscience pure. L'initiateur met le processus en marche et c'est tout. Vous n'avez pas à bricoler avec le tumulte des émotions brutes. Laissez cela aux professionnels.

Ôter la souffrance psychologique est aussi facile que d'éliminer la souffrance physique et peut-être plus encore.

En parlant des professionnels et au cas où vous seriez soit psychiatre, soit psychologue ou psychothérapeute, vous pouvez tout à fait avoir recours au QE dans votre pratique. Vous pouvez envisager de pratiquer le QE juste après votre évaluation de départ. Un grand nombre de manifestations de détresse peuvent en effet être éliminées sans trop d'effort. Vous pouvez ensuite vous concentrer sur ce qui reste à travailler, à l'aide de techniques plus traditionnelles. Le QE émotionnel fait également des merveilles sur des patients souffrant de troubles chroniques. Cela permet parfois d'ouvrir des brèches et accélère le processus de guérison dans son ensemble.

J'ai eu une fois une partenaire, psychologue de son métier, avec une expérience de ving-cinq ans derrière elle. En l'espace de quelques minutes, j'ai pu initier en elle un changement qui fut lourd de conséquences dans sa vie. Elle traînait son traumatisme depuis l'enfance. Elle avait essayé de le résoudre en utilisant un nombre incalculable d'approches différentes et avait consulté de nombreux thérapeutes tout au long de sa carrière. Ces quelques minutes de QE émotionnel ont eu lieu il y a plus de six ans, et à ce jour, l'impact émotionnel de son traumatisme ne s'est pas ravivé et ne le sera plus.

La guérison qui se produit au travers du QE émotionnel est permanente. La peur est l'émotion de base qui engendre toutes les autres émotions. La peur, vous vous en souvenez, est créée lorsque l'ego se dissocie de la conscience pure et prend son identité individuelle. Que votre partenaire ressente de la colère, de l'anxiété, de la culpabilité ou de la tristesse n'a pas d'importance. Au commencement, on trouve toujours la peur d'être séparé de la conscience pure. Le QE émotionnel inonde la peur de plénitude et reconduit l'ego dans les bras maternels. Le souvenir reste, telle une ondulation à la surface de la conscience, mais l'émotion paralysante disparaît dans un océan de félicité.

La guérison qui se produit au travers du QE émotionnel est permanente.

COMMENT PRATIQUER LE QE ÉMOTIONNEL

Tout d'abord, faites savoir à votre partenaire que vous n'avez pas besoin de connaître la cause de sa souffrance. Dites-lui que c'est la conscience pure qui opère la guérison et que vous ne faites que mettre le processus en route. Il a le droit de garder pour lui ce qui le préoccupe.

Demandez-lui de penser à l'incident qui cause sa détresse. S'il n'existe pas d'incident précis, demandez-lui d'identifier pour lui-même, l'émotion qu'il ressent. Puis, invitez-le à faire monter cette émotion en puissance. Lorsque son émotion est à son point culminant, demandez-lui d'évaluer sa détresse émotionnelle sur une échelle de 1 à 10, le niveau 10 étant insupportable. Notez son chiffre de départ.

Procédez de la même façon que lorsque vous initiez un QE pour traiter un problème physique (voir La Triangulation : le processus du QE en trois temps). En premier lieu, cherchez un muscle, peu importe qu'il soit tendu ou relâché, afin d'établir votre point de contact A. Puis cherchez un point de contact B. Prenez pleinement conscience de A, puis de B, puis des deux ensemble. Attendez l'apparition de votre Eufeeling, et maintenez les trois points dans votre champ de conscience jusqu'à ce que vous sentiez, au toucher, que les muscles de votre partenaire se relâchent.

À la fin de la séance, accordez à votre partenaire, un peu de temps pour retrouver ses esprits. La réorientation prend parfois un peu plus de temps après un QE émotionnel. Dès que votre partenaire est prêt, demandez-lui de se remémorer le même incident qu'au début et d'en évaluer le retentissement émotionnel de 1 à 10. Habituellement, les partenaires rapportent qu'ils ne parviennent même pas à mobiliser l'émotion initialement ressentie. « Je n'obtiens qu'un 1 ou un 2 sur l'échelle d'évaluation », diront-ils souvent. Le relâchement des muscles faciaux est visible et la sérénité est quasi palpable, jusque dans l'intonation de la voix.

Le QE émotionnel ôte instantanément les émotions inconfortables, même lorsqu'on ne sait pas bien d'où elles viennent. La conscience pure est en mesure d'agir à la racine du trouble, sans qu'il soit nécessaire d'en avoir consciemment identifié les origines. Durant la séance, il peut arriver que votre partenaire se souvienne de l'événement négatif à l'origine du trouble et en fasse mention, particulièrement lorsqu'il découvre que le traumatisme qu'il a cherché à gommer pendant longtemps remonte à son enfance. Ne vous y attardez pas trop. Demandez-lui de rester en silence et de fermer les yeux s'il le désire. Il faut savoir que l'émotion paralysante a déjà été neutralisée au moment où votre partenaire évoque son souvenir. Il n'y a aucun intérêt à s'appesantir plus longtemps sur le sujet. Quant à vous, accordez-vous la satisfaction d'avoir contribué à résoudre le conflit émotionnel de votre partenaire et d'avoir allumé une petite flamme supplémentaire dans ce monde troublé.

Le QE émotionnel anéantit instantanément les émotions inconfortables, même lorsqu'on ne sait pas bien d'où elles viennent.

CHAPITRE 16
LE QE À DISTANCE

« L'homme bien avisé sait qu'il sait peu de chose.
Celui qui ne sait rien est plus proche de la vérité. »
THOMAS JEFFERSON

« Toutes les vérités sont faciles à comprendre une fois qu'elles ont été découvertes ; le problème c'est de les découvrir. »
CALILEO GALILEI

Le QE à distance consiste à appliquer le Quantum Entrainment sans toucher le partenaire. On peut tout aussi bien faire du QE à distance d'un bout à l'autre dans une pièce, que d'un bout à l'autre de la Terre. Récemment, j'ai eu l'occasion de travailler avec une partenaire qui se trouvait à Salzbourg, en Autriche. C'est-à-dire à une distance considérable de mon bureau de Sarasota, en Floride.

Maria est étudiante. Elle souffrait d'anxiété et se sentait continuellement stressée. Elle me dit que « du réveil, le matin, jusqu'au coucher, le soir, elle se sent constamment en période de révision, comme si elle devait passer un examen important ». Nous avons communiqué par courriel. Je ne lui ai jamais parlé et je ne sais pas à quoi elle ressemble. Tout ce que je savais d'elle me venait par courriel, par le biais de mots virtuels.

On peut tout aussi bien faire du QE à distance d'un bout à l'autre d'une pièce, que d'un bout à l'autre de la Terre.

Maria désirait être soulagée de son anxiété continuelle. Elle souhaitait que son énergie soit un peu mieux canalisée et que la frénésie et l'agitation erratiques qui caractérisaient sa vie soient redirigées de manière plus équilibrée. J'ai initié le QE un soir à Sarasota, ce qui correspondait à 4h du matin à Salzbourg. Lorsque le lendemain matin j'allumai mon bon vieux et fidèle portable, je trouvai la réponse de Maria. La voici, après quelques corrections grammaticales mineures bien que, j'en conviens, il aurait sans doute fallu ôter également quelques points d'exclamation.

Cher Frank,

Je tiens absolument à vous remercier pour votre aide ! ! ! Je veux vous dire que quand je me suis réveillée ce matin, c'était la première fois depuis bien longtemps que j'avais le sentiment « d'avoir à ma disposition toute l'énergie du monde ». Ce que je veux dire par là, c'est que je ressentais tellement d'énergie et de puissance en moi et aussi, quand je suis allée courir ce matin, j'avais de nombreuses pensées très positives et j'avais plein d'énergie. Donc, quelque chose est arrivé et j'ai adoré ça et je trouve ça fantastique ! ! !

MERCI MILLE FOIS ! ! ! !

J'espère que vous comprendrez mon anglais, il n'est pas parfait ;-)

Vielen Dank, plein de soleil et mes meilleures salutations de Salzbourg.

MARIA

L'entité qui est Maria est faite du même bois que celle qui est Frank. La conscience pure n'est pas restreinte dans le temps, ni dans l'espace. Elle est partout, tout le temps. C'est seulement notre conception limitée des choses et notre « moi », qui crée le temps et limite l'espace. J'ai pu instiller la guérison dans l'entité Maria, en percevant ce qui nous rassemble et non ce qui nous différencie. La similitude est conscience pure. Lorsqu'on pratique le QE, on travaille au niveau des similitudes premières afin d'effectuer des changements thérapeutiques dans le monde des différences.

J'ai pu instiller la guérison dans l'entité Maria, en percevant ce qui nous rassemble et non ce qui nous différencie.

En physique quantique, l'interaction instantanée qui s'effectue à distance s'appelle une intrication. Ceci dit, un état intriqué ne saurait transmettre une information à une vitesse supérieure à celle de la lumière. Je ne peux pas dire si l'information thérapeutique qui a été transmise à Maria fut plus rapide ou non que la lumière. Il s'agit là d'un débat fascinant, qui va néanmoins bien au-delà de la portée de cet exposé succinct. Et en ce qui nous concerne, cela n'a vraiment pas d'importance. D'une façon ou d'une autre, il y a bien eu une information de nature thérapeutique qui s'est frayé un chemin jusqu'au pas de la porte de Maria, à 8000 kms de là, sans avoir à demander sa route. Cela me suffit.

Avant de commencer, je souhaiterais mentionner une dernière chose. Si l'idée du QE à distance vous semble difficile à croire, ne vous en faites pas pour ça. Vous y arriverez tout de même, peu importe que vous y croyiez ou non. Le Quantum Entrainment est une processus scientifiquement reproductible. Il n'y a pas besoin d'y croire pour que cela fonctionne réellement. Et si vous n'en êtes pas convaincu, demandez aux animaux de compagnie qui sont soulagés, si on leur a demandé d'y croire pour être guéris.

Le Quantum Entrainment est une processus scientifiquement reproductible.

Il n'y a pas besoin d'y croire pour que cela fonctionne réellement.

COMMENT PRATIQUER LE QE À DISTANCE

En fait, il s'agit essentiellement de pratiquer la triangulation, exactement comme dans les autres formes de Quantum Entrainment. Les fondamentaux sont les mêmes, à ceci près que l'on procède à quelques adaptations mineures. Nous devrons évidemment trouver un substitut à la présence physique du partenaire. Le QE à distance est infiniment plus facile à apprendre que toute autre activité requérant la présence d'un partenaire, comme le tango, par exemple, dont l'image me vient à l'esprit pour une obscure raison. Enfin ! Je vous livre quelques suggestions.

UTILISER UN SUBSTITUT

Un substitut, dans notre cas, sera figuré par une personne de remplacement, qui prendra la place du partenaire. Une personne dotée d'un petit corps bien chaud fera l'affaire, qu'il s'agisse de votre époux, de l'un de vos enfants, du livreur de journaux, ou de l'inconnu dans la cabine d'essayage d'à côté. Vous n'avez qu'à pratiquer le QE à distance sur le substitut qui se trouve physiquement devant vous, exactement comme si votre partenaire était là. Assurez-vous d'inclure dans votre intention le nom et l'image, ou même l'idée de votre partenaire absent.

Vous pouvez également utiliser un animal de compagnie comme substitut. En général, les animaux font de bons figurants, car ils ne posent pas de questions. Ils sont habitués aux comportements étranges de leurs propriétaires et font preuve de bonne volonté, tant qu'ils ont l'assurance d'obtenir une friandise en fin de séance. Évidemment, il est utile d'avoir une certaine dextérité et une boîte de sparadraps à portée de main, lorsque votre animal préféré se trouve être un piranha affamé, l'inconvénient étant que la friandise pourrait bien être accordée à votre insu.

Une troisième sorte de substitut peut être envisagée par le biais d'une poupée, voire d'un animal empaillé. En fait, vous pouvez même utiliser un dessin que vous auriez fait vous-mêmes. Vous pouvez aussi simplement écrire le nom de votre partenaire. Ce sont autant de figures de remplacement qui feront très bien l'affaire. Essayez. Vous serez agréablement surpris.

L'IMAGINATION

Lorsqu'on dispose d'une imagination fertile, on peut faire apparaître une image mentale de son partenaire et trianguler sur l'image. Comme vos doigts ne seront pas en contact avec de la chair incarnée, vous devrez également imaginer le toucher. Mais alors, me direz-vous, comment savez-vous que vous pouvez vous arrêter ? Tout simplement parce qu'à un moment donné, vous ressentirez vous-même la détente induite par le relâchement musculaire perçu par vos doigts imaginaires, exactement comme avec la sensation produite par le toucher réel.

Le QE par l'imagination peut être effectué de plusieurs façons différentes. Vous pouvez imaginer que vous êtes à l'endroit où se trouve votre partenaire. Pensez qu'il ou elle est assise dans son fauteuil de prédilection, tandis que vous pratiquez le QE à distance. L'autre option est, à l'inverse, d'amener votre partenaire à vous. Imaginez qu'il ou elle se trouve juste devant vous, tandis que vous faites vos merveilles. Vous pouvez aussi vous rencontrer en imagination où bon vous semble. Vos limites sont celles de votre imagination.

LE QE PAR L'IMAGINATION[1]

Vous avez entendu parler de cet exercice populaire qui consiste à jouer de la musique à l'aide d'un instrument imaginaire. S'agissant de la guitare par exemple, cela consiste à tenir le manche devant un miroir et à se déhancher pour mimer les accords avec un jeu de doigts assuré, sur des cordes virtuelles. Et bien le QE par l'imagination ressemble un peu à ça. Peu importe que vous soyez assis ou debout, imaginez simplement votre partenaire en face de vous. Gardez les yeux ouverts ou fermez-les, c'est comme vous voulez. À présent, déplacez physiquement votre corps et tendez les mains pour les poser sur votre partenaire absent. Faites exactement tout ce que vous avez à faire, comme si votre partenaire était là. Faites simplement en sorte que votre conjoint ne débarque pas en plein milieu de séance. « Euh Franky, tu m'expliques ? ! »

Le QE à distance est une façon remarquablement efficace d'intégrer et d'acquérir l'expérience nécessaire dans la pratique du QE. Personnellement, j'en fais une séance tous

1. NDT : « Air QE » en anglais, se référant à « air guitar », qui désigne le fait de jouer sur un instrument imaginaire. Sans équivalent satisfaisant en français, se traduit par « guitare imaginaire ». Nous préférons « QE par l'imagination », puisque le QE s'effectue réellement par le canal de l'imagination et n'est pas imaginaire au sens de « virtuel ».

les soirs, avant d'aller au lit. En général, je dispose d'une liste de personnes qui m'ont sollicité durant la journée. J'y ajoute également les partenaires qui souffrent de maladies chroniques ou graves, telles que la maladie d'Alzheimer ou le cancer et qui ont besoin de soins constants.

Certains de mes amis trouvaient pour le moins étrange, l'idée de faire du QE à distance. Aujourd'hui, ils m'appellent régulièrement pour me demander de l'aide par ce canal.

Autre exemple, il se trouve que ma benjamine est agent de police, dans une commune dont l'activité économique est en berne et qui enregistre un fort taux de criminalité. Elle se retrouve constamment prise dans des échauffourées. Cela ne me surprend plus lorsqu'elle m'appelle pour me dire : « Coucou Papa, j'étais juste en train d'embarquer une femme droguée au cristal[1], quand elle m'a mordue à la jambe. Est-ce que tu pourrais me faire du QE ce soir ? », ou bien encore, « Je me suis démis l'épaule dans une course-poursuite. Est-ce que tu serais d'accord pour travailler sur la douleur et l'amplitude articulaire ? » Ah, les joies de la parentalité !

Avec la pratique, vous pourrez faire du QE à distance chaque fois que vous avez un petit moment dans la journée. Je l'ai même fait alors que mon partenaire était en train de me décrire son problème. Quand il en avait terminé avec

1. NDT : PCP en anglais, drogue hallucinogène, connue en France, entre autres, sous le nom de cristal.

ses explications, sa douleur avait déjà disparu. C'est incroyablement fantastique d'être si proche de la force créatrice et de se trouver aux premières loges pour voir s'accomplir ses merveilles. L'ignorance est notre seule limite. Et le Quantum Entrainment est là pour y remédier.

LE QE SUR SOI-MÊME

Vous savez déjà comment bénéficier vous-même des merveilles du Quantum Entrainment. Vous n'avez qu'à choisir l'une des méthodes décrites en amont et à vous l'appliquer à vous-même. Si vous désirez travailler physiquement sur votre dos ou sur tout autre endroit hors d'atteinte, cela peut évidemment faciliter les choses si vous possédez dans vos rayons, l'édition familiale du *Yogi contorsionniste* en trois volumes. Mais souvenez-vous que vous n'avez pas besoin d'être en contact direct avec la zone affectée. Si vous souffrez d'une douleur qui se situe au milieu du dos, vous pouvez très bien réaliser la triangulation avec autant d'efficacité sur votre genou ou sur votre torse. Vous pouvez également envisager l'une des versions du QE à distance. Wade, praticien QE, s'est rendu compte que le Quantum Entrainment lui était très utile dans sa pratique du yoga. Il explique de quelle façon il procède : « Depuis que je me suis formé au Quantum Entrainment, je l'utilise sur moi-même quand je fais du yoga. J'ai trouvé que ça me permettait de mieux entrer dans le moule des asanas (postures) et d'accéder plus vite à la tranquillité de l'esprit et de la conscience. Au lieu d'utiliser mes mains pour faire la triangulation, j'utilise ma conscience pour établir le contact avec les trois points. Ensuite, je me repose simplement dans la conscience pure, durant quelques secondes. À la suite de quoi, j'ai l'impression que mon corps est réorganisé, mis à neuf, détendu et renforcé. C'est une application du Quantum Entrainment que l'on peut faire dans n'importe quelle situation et qui facilite le passage de l'identification limitée au corps-esprit à celle de la conscience pure. »

Je me répète : notre potentiel d'accès au QE n'est limité que par notre seule imagination. Notre nature est d'aller vers l'expansion et la croissance. Chaussez vos lunettes quantiques et jetez un coup d'œil autour de vous. Faites des expériences, envisagez différentes options et surtout voyez les choses de manière ludique.

Notre potentiel d'accès au QE n'est limité que par notre seule imagination.

LES ANIMAUX ET LES OBJETS INANIMÉS

Puisque le Quantum Entrainment puise dans la conscience pure, qui est la source élémentaire et infuse toute chose, le procédé devrait fonctionner aussi avec les animaux et même les objets inanimés. Et c'est bien le cas ! Si l'on y réfléchit bien, ça n'a d'ailleurs rien d'étonnant. Nous donnons bien des soins à nos animaux de compagnie, sous forme de médicaments ou de traitements chiropratiques.

Mais lorsqu'il s'agit d'objets prétendument inanimés, je suppose qu'il serait légèrement tiré par les cheveux de penser que l'on puisse verser une cannette de Red Bull dans une batterie à plat dans le but de lui donner une nouvelle vie. Je dis bien « prétendument » inanimés, car en fait, la vie est une vibration qui existe à différents niveaux de subtilité, dans tous les éléments de la création. Il n'est rien qui soit inanimé dans l'absolu. La plus infime des vibrations contient sa cause, la conscience pure. Donc, quand il s'agit d'une batterie de voiture, il n'y pas de doute sur le fait que le QE soit meilleur marché qu'une cannette de Red Bull.

> Il n'y est rien qui soit inanimé dans l'absolu.

L'un de nos diplômés Quantum Entrainment nous raconta un jour que sa batterie était à plat. Il avait fait plusieurs essais pour redémarrer sa voiture en tournant sa clé dans le contact, en vain. Il avait entrepris alors de faire du QE sur sa batterie. La voiture démarra au quart de tour et le moteur se mit à ronronner de nouveau. Lorsqu'il amena sa voiture au garage, le mécanicien lui indiqua que c'était bien la batterie qui était responsable de la panne. Il ne mentionna sans doute pas le fait que les câbles qui lui avaient servi à redémarrer le moteur étaient en fait ses doigts.

Le Quantum Entrainment exerce son influence de manière universelle, sans distinction, et cela comprend également les appareils électroménagers. J'adore cette fameuse histoire qui nous fut rapportée par un praticien particulièrement créatif.

Après l'atelier, je souhaitais partager mon expérience du Quantum Entrainment. Je me réveillai le dimanche avec une grosse faim. J'ai donc appliqué le QE à ma faim et celle-ci disparut. Je n'en décidai pas moins de me faire un smoothie[1]. Juste au moment où j'étais sur le point de mélanger les ingrédients au robot mixeur, je me rendis compte que le moteur de l'appareil ne fonctionnait plus. Mort, complètement mort. Je décidai donc de faire du QE sur le moteur. Je m'y employai durant quelques secondes… Rien. Je recommençai, mais cette fois en lâchant prise et en ne pensant pas au résultat que je voulais atteindre. Et ça a marché ! Le mixeur fonctionnait de nouveau, comme si de rien n'était, et cela m'a valu la joie de siroter un smoothie dans la plus grande humilité qui soit. Mon colocataire, autre grand fan de smoothies, reste sans voix chaque fois que nous devons utiliser le mixeur.

Dans la mesure où il n'y a pas besoin de croire au QE pour que les résultats se manifestent, les animaux y répondent merveilleusement bien. N'hésitez pas à traiter les problèmes de vos animaux de compagnie et ne vous gênez pas pour appliquer le QE aux représentants de la gente animale qui vous ennuient, tel un chien prétentieux, une pie un peu trop

1. NDT : Le « smoothie » est une boisson onctueuse, à base de purée de fruits, additionnée de yaourt ou de glace.

entreprenante ou un frelon qui vous énerve. Récemment, lors d'une séance de dédicace donnée par l'auteur à succès Jennifer Hawthorne, suite à la parution de son livre intitulé *Chicken Soup for the Woman's Soul*[1], il se trouve que la climatisation faisait défaut et qu'on avait dû ouvrir les portes donnant sur l'extérieur. Une bonne dizaine de grosses mouches noires filèrent tout droit vers la grosse soupière de bouillon de poulet qui se trouvait au centre du coin restauration. Rob, le responsable du centre, fila tout droit lui aussi, mais vers la pièce d'à côté, afin de pratiquer le QE sur les petites bestioles. Quelques minutes plus tard, lorsqu'il émergea de la pièce, il n'y avait plus aucune mouche dans les parages.

Les animaux répondent au QE d'une façon admirable.

Les praticiens imaginatifs trouveront dans l'alimentation une autre sphère d'exploration pour exercer leur créativité. On peut envisager de synchroniser les produits alimentaires, ainsi que l'eau de boisson et les compléments alimentaires, avec l'intention, soit de potentialiser l'effet des principes nutritifs, d'éliminer les toxines, ou d'améliorer la digestion et l'assimilation des nutriments avant la fin du repas. Pour ceux qui récitent le bénédicité avant le repas, il est possible d'ajouter une séance de Quantum Entrainment après la prière. De cette façon, la prière en elle-même devient

1. NDT : *Chicken Soup for the Woman's Soul (Chicken Soup for the Soul)*, Jack Canfield, Marci Chimoff, Jennifer Hawthorne and Hansen, Kindle Edition, janvier 2010.

l'intention et le QE porte cette intention aux pieds de la conscience pure et omniprésente.

CHAPITRE 17
LE QE PROLONGÉ

« Ceux qui veulent chanter trouvent toujours un refrain. »
PLATON

« La joie n'est pas dans les choses, elle est en nous. »
RICHARD WAGNER

Le QE prolongé présente un intérêt certain dans les situations où le partenaire est confronté à des problèmes de santé au long cours, qui mettent sa vie en danger ou évoluent sous une forme chronique, comme dans les cas de diabète, de cardiopathies, de maladie d'Alzheimer ou de cancer. Le QE révèle une efficacité incontestable pour soulager, voire guérir les déséquilibres d'ordre émotionnel. Lorsqu'au bout de quelques minutes de

QE, ou bien après plusieurs tentatives, le mal ne répond pas, alors vous avez là un parfait candidat pour le QE prolongé.

Comme son nom l'indique, le QE prolongé implique que l'on prolonge le temps consacré à un QE standard, ce qui permet d'en augmenter considérablement les effets bénéfiques, aussi bien pour le partenaire que pour l'initiateur. Lorsqu'on pratique le QE de manière prolongée, la conscience est imprégnée de conscience pure et maintenue dans cet état profond durant un certain temps. Le monde physique dans son ensemble, avec ses voitures, ses étoiles, les gens et même l'espace, devient super-saturé de conscience pure. La conscience se fait presque palpable, elle est un baume vibrant au pouvoir de guérison.

Le QE prolongé présente un intérêt certain dans les situations où le partenaire est confronté à des problèmes de santé au long cours, qui mettent sa vie en danger ou évoluent sous une forme chronique.

Il y a de cela quelques années, alors que j'étais en train d'élaborer le Quantum Entrainment, je fus invité à déjeuner par un collègue chiropraticien de ma connaissance. Il me dit qu'il avait une faveur à me demander et c'est donc avec une certaine appréhension que je m'approchai de la table qu'il avait réservée au restaurant. Lorsque je croisai le regard brun de Mark, j'y lus une profonde tristesse, qui semblait l'anéantir. Nous nous sommes salués, puis nous avons même échangé quelques nouvelles sur la profession, tandis que nous attendions la serveuse. Nous avons ensuite passé commande et tandis que nous attendions l'entrée, il se réfugia dans ses pensées. Il se mit à parler, puis marqua un temps d'arrêt et baissa les yeux sur son assiette. J'attendais. Lorsqu'il releva la tête, je me rendis compte qu'il avait les yeux plein de larmes. Du regard, je l'invitai à continuer de parler. « Ma femme se bat contre le cancer depuis plus d'un an. Elle s'est vraiment battue, mais hier, elle est entrée à l'hôpital. Elle a deux tumeurs malignes, l'une à l'utérus, de la taille d'une noix et l'autre au foie, de la taille d'un pamplemousse. Il n'est pas envisagé qu'elle puisse rentrer à la maison. Je sais que tu pratiques une sorte de guérison par la foi ou par la méditation, ou quelque chose comme ça, me dit-il, et je me demandais si tu pourrais apporter ton aide à Jillie. » Je n'avais jamais rencontré sa femme auparavant, mais je lui dis que j'étais d'accord pour me rendre à l'hôpital le soir même et la rencontrer. Je lui demandai de parler aux infirmières pour que je puisse disposer d'une heure complète auprès de sa femme sans que nous soyons dérangés. Je lui demandai également qu'aucun membre de la famille ne soit présent durant la dernière heure autorisée pour les visites, heure à laquelle j'avais planifié de venir. Nous sommes tombés d'accord. Nous avons terminé notre repas plus ou moins en silence et je m'en retournai à mes consultations d'après-midi.

Ce soir-là, je retrouvai Mark dans le couloir, juste devant la porte de la chambre de sa femme. Il me dit que les infirmières s'étaient montrées un peu réticentes à l'idée d'une intervention quelque peu étrange de ma part, mais qu'elles voulaient bien nous accorder le temps dont nous avions besoin. Je me concentrai avant d'entrer et poussai la lourde porte qui ouvrait sur la pièce sombre et triste.

La première chose dont je me souvienne, c'est l'odeur. Ce n'était pas l'odeur de la mort, mais celle de ce qui meurt. J'ai du mal à la décrire. C'est une impression qui pénètre l'esprit et glace le cœur. Jillie dormait. C'était une femme frêle, avec des cheveux blonds et ternes, tout emmêlés sur l'oreiller. Je ne l'ai pas réveillée et me suis mis immédiatement à initier le QE prolongé.

Pas plus de cinq minutes plus tard, une infirmière entra pour prendre les constantes et déplacer quelques objets ici et là. Dix minutes plus tard, elle était de retour et dix minutes plus tard encore, quelqu'un d'autre nous interrompit, simplement pour s'assurer que tout allait bien. Je me dis que je venais de trouver, par inadvertance, un tour de passe-passe destiné à faire apparaître les infirmières en moins de temps qu'il ne faut pour le dire, alors qu'elles sont habituellement surchargées de travail. J'arrivais au bout de l'heure consacrée à Jillie, qui se réveillait de temps en temps et retombait aussitôt dans un sommeil entrecoupé. Bien que Mark lui avait dit que j'allais venir, je ne pense pas qu'elle ait eu conscience de ma présence ni de ma mission.

J'y retournai le lendemain soir et m'accommodai de la petite routine des infirmières, mais Jillie était plus alerte et nous avons pu échanger quelques mots au cours de l'heure passée ensemble. Malgré les interruptions, j'ai pu maintenir l'état de conscience pure pendant presque la totalité du temps. Lorsque je la quittai, je me sentais léger et presque enthousiaste.

Le troisième soir, je trouvai une pancarte sur la porte de Jillie, sur laquelle on avait inscrit à la main « Ne pas déranger », signée du cadre infirmier de l'équipe de nuit. Je pensai tout d'abord que j'étais évincé par un personnel hostile, motivé par leur ignorance des thérapeutiques 'alternatives' et non-allopathiques. Mon opinion était que cette attitude allait être préjudiciable pour leur patiente et ne devait pas être tolérée. Je me dirigeai d'un pas décidé vers le poste infirmier avec la ferme intention de demander pourquoi on m'empêchait de voir Jillie.

La réponse qui m'a été donnée fut pour moi un choc. L'infirmière me sourit aimablement et m'informa que la pancarte avait été placée là de manière à ce que Jillie et moi ne soyons pas dérangés. Elle me dit que l'ensemble des équipes infirmières qui se relaient 24 heures sur 24 avait remarqué des changements notoires dans l'état de Jillie. Elles ne savaient pas si ce que je faisais en était ou non la cause, mais elles m'assuraient que cette fois, je ne serai pas interrompu pendant le temps consacré à la patiente. Et elles tinrent parole. Je les avais mal jugées.

Chaque jour, après mes consultations, je venais pratiquer le QE prolongé auprès de Jillie. La sensation et l'odeur de mort imminente qui imprégnait sa chambre disparut. Jillie était plus alerte, et bien que les paroles échangées aient été succinctes et peu fréquentes, nous avions commencé à établir un lien non verbal qui s'apparentait à une intime connaissance l'un de l'autre. En ce qui me concerne, cette pratique régulière et prolongée de l'éveil quantique m'avait également apporté des bénéfices. J'éprouvais un sentiment de compassion et une impression de paix qui s'amplifiaient dans ma vie quotidienne. En quelque sorte, je sentais que je m'épanouissais et m'éveillais à une sorte d'immortalité libérée de la crainte de la mort.

Le huitième jour au matin, je reçus un coup de fil de Mark. Il m'apprit que je n'avais pas à me rendre à l'hôpital pour voir Jillie ce soir-là, car on l'avait autorisée à rentrer à la maison. La tumeur à l'utérus avait disparu et la tumeur au foie était maintenant réduite à la taille d'une noix. Je demandai s'il désirait que je me rende à leur domicile, pour poursuivre le QE prolongé. Il me répondit que Jillie me conseillait de prendre un peu de repos. Elle avait dit qu'elle allait dorénavant pouvoir gérer les choses.

Une fois sortie de l'hôpital, Jillie consacra chacun de ses instants à sa famille. Je fus convié à leurs réunions de famille, tel l'un des leurs, mais nous perdîmes le contact, peu à peu. Avec le temps, le cancer se manifesta de nouveau. Je proposai de reprendre nos séances de Quantum Entrainment, mais

Jillie refusa. Elle me dit des mots qui m'ont surpris mais je savais, au son de sa voix, qu'elle était en paix. Elle s'éteignit à la maison, tranquillement, entourée de sa famille. Jillie pensait que sa « seconde vie » était une bénédiction et l'un des moments les plus heureux de toute sa vie. Mark me le confia plus tard.

Le QE prolongé démontre une puissance remarquable. Et il est particulièrement important de se souvenir que la conscience pure sait ce qu'il convient de faire dans une situation donnée. La nature humaine veut que nous ressentions le besoin d'exprimer notre désir avec force et que nous redoublions d'efforts, surtout lorsqu'il s'agit d'une situation où la vie est menacée. Il est facile d'oublier que nous ne sommes que de simples initiateurs, porteurs d'une intention, certes, mais que ça s'arrête là. La guérison se produira ou non. Cela ne dépend pas de nous. La gravité de la situation ne requiert nullement que nous formulions une intention plus ferme ou que nous fassions plus d'efforts. C'est l'innocence dans toute sa splendeur qui est requise, et rien de plus.

Le QE prolongé démontre une puissance remarquable.

COMMENT PROLONGER LE QE

La durée d'une séance de QE prolongé sera comprise entre cinq minutes et une heure environ. Me référant à mon expérience, une durée de vingt minutes semble être en général le temps indiqué sachant que je réduis ou augmente la durée, selon les cas.

Vous commencerez la séance de QE prolongé exactement de la même façon que vous le faites pour une séance normale de une ou deux minutes. En général, j'aime bien commencer debout et faire asseoir mon partenaire quelques minutes plus tard. Le QE prolongé peut aussi se pratiquer en position allongée, surtout si votre partenaire est très malade.

Dans le cas du QE prolongé, il existe quelques différences mineures qu'il convient de souligner. Pour commencer, établissez vos points de contact et attendez la venue de votre Eufeeling. Dès que vous obtenez le relâchement initial et la sensation de dissolution des tensions qui marquent la fin d'un QE normal, ne vous arrêtez pas et maintenez au contraire votre Eufeeling. Vous pouvez oublier de garder vos points de contact dans votre champ de conscience et ne conserver que le Eufeeling. De temps à autre, votre esprit se mettra à vagabonder. Lorsque vous vous rendez compte que vous avez l'esprit ailleurs, reprenez conscience de votre Eufeeling. Il est plus que probable que votre Eufeeling initial se modifiera. Il est possible qu'au début, vous ressentiez de la paix ou un calme profond et que cela se transforme en félicité ou en joie, voire en extase. Soyez simplement conscient de votre Eufeeling, quel qu'il soit.

Au bout de quelques minutes et régulièrement au cours de la séance, lorsque l'idée vous vient comme une sorte d'évidence, modifiez vos points de contact et déplacez vos doigts sur d'autres parties du corps de votre partenaire. Parmi les endroits couramment employés, on choisira le front, les tempes, le cœur et le plexus solaire, sachant que tout autre partie du corps fera aussi bien l'affaire. Dès que vos doigts sont installés dans leur nouvelle localisation, retrouvez votre Eufeeling et installez-vous dans votre ressenti durant quelques minutes.

Au cours de ces séances prolongées, vous pouvez de temps en temps répéter ou reformuler votre intention. Cela permet de garder l'esprit éveillé et concentré. Vous pouvez aussi visualiser naturellement la matérialisation de l'intention. Vous aurez l'image d'une articulation qui se régénère ou des poumons qui s'épanouissent pour recevoir l'air vital. Il est possible que vous visualisiez d'autres forces de guérison à l'œuvre. Ne vous investissez pas dans ce que vous voyez. Quelle que soit l'œuvre dont vous êtes le témoin, laissez-la s'effectuer selon sa propre dynamique. Les impulsions de guérison émergent de la conscience pure, prennent forme et vous êtes aux premières loges. Vous êtes le témoin innocent de la création et de son renouvellement. Il n'est rien que vous puissiez faire pour y apporter une quelconque amélioration. Comprenez bien votre privilège et sachez reconnaître la bénédiction que cet évènement représente.

Parfois, vous visualiserez des symboles géométriques ou des énergies abstraites qui prennent la forme de flux tourbillonnants et semblent se mouvoir en vous ou dans le corps de votre partenaire. Vous êtes susceptible de voir le ciel s'ouvrir, vous inondant de lumière dorée. Ne vous étonnez pas si les Anges se mettent à chanter pour annoncer l'évènement de guérison. Et votre rôle dans tout cela ? Recevez, comme une éponge. Ne vous laissez pas embrouiller par des notions de symbolisme ou de symptomatologie. Soyez simplement présent et appréciez à sa juste valeur la présence grandissante de la conscience pure.

Comprenez bien votre privilège et sachez reconnaître la bénédiction que cet évènement représente.

Lorsque la séance prolongée arrive à sa fin, laissez deux ou trois minutes à votre partenaire pour ouvrir les yeux et revenir à son état normal. C'est un minimum. Certains peuvent avoir besoin de cinq à dix bonnes minutes et peuvent même sentir la nécessité de rester allongé un peu. Pensez bien à leur dire que s'ils se sentent fatigués, ils doivent se reposer au cours de la journée qui suit la séance et qu'une bonne nuit de sommeil sera quoi qu'il en soit la bienvenue. C'est là l'indication qu'une guérison en profondeur est en train de s'effectuer. Dans la mesure du possible, votre partenaire doit faire en sorte de manger convenablement, de se reposer et de faire un peu d'exercice.

Je compte beaucoup sur le QE prolongé dans le cadre de mon activité de conseil. Mis à part son pouvoir de guérison physique, ce type de QE potentialise considérablement la purification des émotions. Et bien sûr, j'adore cette pratique pour les conséquences que j'observe sur moi-même. Je continuerai à m'y référer jusqu'à ce que je parvienne à trouver cet ultime paradigme qui permet de traverser les murs ou de flotter dans les airs comme une plume. Jusque-là, et je ne manquerai pas de vous informer lorsque cela m'arrivera, il n'y a pour moi que le QE qui tienne, sous toutes ses formes.

CHAPITRE 18
LA PAIX MONDIALE À PORTÉE DE MAIN

« De par leur façon de vivre, leurs systèmes de parenté, leur façon de ressentir et de percevoir, toutes les sociétés élaborent un système de catégories, qui détermine leur forme de conscience. »

Erich Fromm

« Il existe un état de fait incroyable au sujet de notre Vaisseau Terrestre et cette chose importante, c'est qu'à la livraison, on ne nous a donné aucun manuel d'utilisation. »

Buckminster Fuller

Je profite de ces dernières lignes pour vous remercier du temps passé à me lire. Vous êtes pour moi une source d'inspiration constante, comme le sont les milliers de gens qui, tout comme vous, ont ouvert leur esprit à la possibilité de l'impossible. Je souhaite ardemment que le Quantum Entrainment fonctionne pour vous. J'ai écrit ce livre en état d'entraînement quantique et avec cet unique objectif en tête. Je souhaite que votre entreprise soit couronnée de succès et ce n'est pas là une motivation uniquement altruiste. Chaque fois que vous pratiquez le QE, j'en profite aussi, le monde entier en profite. Peut-être que vous ne parvenez pas encore à comprendre cela, mais cet état de fait sera bientôt pour vous une évidence. Je vous lance le défi, ou plus exactement, je vous supplie de pratiquer le QE, partout et constamment, et de disséminer la puissance de guérison de la conscience pure parmi vos contemporains, le plus vite possible, le plus complètement possible. Vous ne serez pas seul à moissonner les bienfaits de la conscience pure. Nous serons tous récompensés de votre petit effort. Au fur et à mesure que la pratique du Quantum Entrainment se généralisera, chacun de nous verra sa vie s'épanouir dans tous les domaines. Nous menons notre vie telle que nous la pensons. Il faudrait que la pensée visionnaire[1], et voilà bien là une expression connotée qui ne devrait plus l'être, soit érigée comme norme. En fait, une pensée dont le postulat serait l'absence de limites devrait être instituée en lieu commun, si tant est que nous voulions préserver la sécurité et la santé de notre race. Le fait que l'humanité lutte aujourd'hui pour sa survie n'a rien d'une nouveauté. Cela fait des générations que petit à petit, nous nous acheminons vers l'oubli. Chacune des pensées discordantes que nous créons est un grain de sable qui s'ajoute au marasme

1. NDT : « Outside the box » est un cliché qui n'a pas de traduction arrêtée en français. L'expression se réfère au fait de se dégager de la pensée unique, de faire preuve d'originalité, de penser à contre-courant ou hors des sentiers battus.

des sables mouvants qui nous entraînent lentement vers le fond. Et cela bien entendu, c'est de la démence. Vous savez, la démence ; reproduire les choses à l'identique, en s'attendant à des résultats différents. L'avènement d'un nouveau monde ne viendra pas de documents ni de proclamations. Il ne peut se déployer à partir de l'inconscient profane et collectif qui, jusqu'ici, domine la pensée humaine. Il ne viendra pas de l'extérieur, mais bel et bien des profondeurs de l'intérieur, là où la conscience pure réside et espère notre mobilisation.

> Chacune des pensées discordantes que nous créons est un grain de sable qui s'ajoute au marasme des sables mouvants qui nous entraînent lentement vers le fond.

Le fait de suggérer qu'un simple processus de guérison soit susceptible de sauver notre bout de gras collectif peut paraître un tantinet grandiloquent, je vous l'accorde. Pourtant c'est bien le cas, car ce n'est pas le processus en lui-même, mais bel et bien la conscience pure qu'il véhicule, qui exerce l'ultime pouvoir. Vous l'avez vérifié par vous-même. La conscience guérit. Plus nous sommes conscients et plus les forces de guérison se déploient, en nous et autour de nous. Et cela se fait naturellement, spontanément et sans effort.

De toutes les leçons à apprendre, nous, c'est-à-dire la race humaine dans son acceptation collective, ne devrions en garder qu'une seule : être conscients. On nous presse constamment de « vivre dans le présent ». Mais qu'est-ce que cela peut bien vouloir dire ? Cela veut-il dire que nous devions cesser de faire des projets ou que nous devions laisser tomber nos souvenirs ?

Bien sûr que non. Vivre dans le moment présent, c'est vivre au diapason de la conscience pure. La conscience pure annihile le temps psychologique et libère l'esprit du besoin de faire, lui donnant la capacité de réfléchir et de renvoyer l'ordre dans sa perfection intemporelle. Un esprit conscient est un esprit organisé, énergique et créatif. Un esprit conscient est rempli de paix. Il ne peut pas faire le mal.

> De toutes les leçons à apprendre, nous, c'est-à-dire la race humaine dans son acceptation collective, ne devrions en garder qu'une seule : être conscients.

L'inconscient collectif[1] de Carl Jung et plus récemment, les champs morphiques[2] de Rupert Sheldrake illustrent un point vital concernant ce que être humain veut dire. Il s'avère que nous ne sommes pas des entités isolées, qui errons sans but dans un corps/esprit. Nous entretenons des relations infiniment intimes avec chacun et tous les autres êtres de cette planète. Chacune de nos pensées et de nos actions influencent tous les autres êtres vivants.

Les pensées sont comme des nuages chargés d'énergie, qui attirent des pensées de charge similaire. Plus il y a de gens qui ont des pensées similaires, plus ces pensées emma-

1. NDT : « L'inconscient collectif » selon Carl Jung : voir glossaire.
2. NDT : « champs morphiques » ou « morphogénétiques » : voir glossaire.

gasinent de capacité de mise en mouvement[1]. C'est là ce que Sheldrake appelle un champ morphique. Non seulement nous sommes nourris de ces champs morphiques, mais nous sommes également influencés par eux. Vous voyez donc que ce que nous pensons et expérimentons est très important. Si vous vous êtes un jour demandé pourquoi les gens persistent à reproduire leurs comportements délétères, alors vous avez trouvé votre réponse dans l'existence des champs morphiques.

Si la survie de l'espèce devait dépendre d'un champ morphique puissant, il s'agirait d'un champ créé par des individus qui font l'expérience de la conscience pure. Ce qui m'amène à vous dire que la paix mondiale est à notre portée. La valeur du processus Quantum Entrainment est incontestable en matière de guérison, mais ce n'est là que la partie visible de l'iceberg. Si seulement un faible pourcentage de personnes devient clairement conscient, la vie et l'esprit de tout un chacun s'en trouve influencés, y compris ceux qui sont loin de refléter la conscience pure.

Vous avez bien lu, si ne serait-ce qu'1 % de personnes appartenant à une population donnée, pouvait réfléchir la cohérence de la conscience pure autour d'eux, il se produirait déjà de profonds changements dans leur environnement

1. NDT : « momentum » dans le texte, mot latin qui s'efforce d'entrer dans le français journalistique par le biais de l'anglais. Signifiant « la quantité de mouvement » (produit de la masse et de la vitesse en physique mécanique).

immédiat. Il ne s'agit pas d'une théorie fantaisiste mais d'un fait scientifique.

Au début des années 1960, le Mouvement International de Méditation Transcendantale (MT) faisait déjà la démonstration de « l'effet 1 % ». Ils ont réussi à confirmer le fait que lorsqu'un seul pour cent de la population d'une commune fait l'expérience de la cohérence de la conscience pure, alors le taux de criminalité diminue. Pour ce faire, ils amenaient un petit groupe de méditants dans une ville et leur demandaient de se mettre simplement en état de conscience, en tant que groupe. Si l'on se réfère aux statistiques du FBI, établies sur une base de vingt-deux communes, il s'avère que le groupe a été capable de réduire le taux global de criminalité de 24 %, ce qui semble significatif. Depuis, de nombreuses études ont été menées afin de montrer de quelle façon la focalisation de conscience peut, à elle seule, améliorer notre vie.

Dans son livre intitulé *La science de l'intention*[1], Lynne McTaggart présente un grand nombre d'études scientifiques sérieuses qui tendent à accréditer cette thèse. L'auteur donne même le nombre exact de méditants en conscience pure qu'il faudrait rassembler pour créer une vague de cohérence suffisante, à l'échelle des États-Unis, voire à l'échelle mondiale. Vous sentez-vous prêts ? En fait, pour créer un monde plus sain, plus aimant et plus

1. NDT *: La science de l'intention : Utiliser ses pensées pour transformer sa vie et le monde*, Lynne Mc Taggout, Ariane éditions, mars 2008.

propre, au bénéfice de l'ensemble des habitants des États-Unis, il ne faudrait que 1730 méditants en conscience pure. Si nous voulons que la paix et la prospérité fleurissent de par le monde, 8084 méditants suffiraient. Autant dire que nous disposons réellement de la technologie qu'il faut pour sauver le monde.

Nous tenons au bout de nos doigts, la technologie qu'il faut pour sauver notre monde.

Le processus du Quantum Entrainment a la pouvoir de guérir votre environnement immédiat. Mais cette influence ne se limite pas à vous et à vos soucis courants. Lorsque vous pratiquez le Quantum Entrainment, votre influence apaisante irradie instantanément vers l'extérieur et apporte sa contribution dans la guérison des maux de tout un chacun. J'ai oublié le nom du philosophe français qui a dit que le simple fait de se pencher sur une fleur pour la cueillir modifie le centre de gravité de tout l'univers. Lorsque vous créez un évènement de guérison par le biais du Quantum Entrainment, c'est la même chose. Chaque fois que vous pratiquez, vous plantez une graine qui donnera naissance à une floraison d'une rare beauté. Comme un galet, tombé dans l'eau calme d'une mare, votre toucher thérapeutique irradie des ondes de paix qui viennent bercer les berges de l'ensemble des mondes alentour. Chaque fois que vous pratiquez le Quantum Entrainment, vous contribuez à rendre ce monde meilleur.

Bien entendu, le Quantum Entrainment n'est pas le seul moyen d'accéder à la conscience. Il existe des milliers de chemins différents pour obtenir la paix intérieure et irradier d'harmonie autour de soi. Je souhaite ardemment que nous puissions tous devenir chaque jour de plus en plus conscients, et ce aussi souvent que possible. Le QE est un processus simple, instantané et ludique. Les bénéfices pratiques sont immédiats et les effets à long terme sur le corps, l'esprit et l'environnement sont tangibles. La pratique ne requiert aucun aménagement de temps ou d'espace. Vous pouvez pratiquer à n'importe quel moment et n'importe où. En plus de cela, le Quantum Entrainment n'exige pas de s'installer simplement dans un état de conscience. Le QE vous apprend à vous mouvoir dans cette plénitude, amplifie la portée de ses effets et vous incite très vite à asseoir son influence dans votre vie quotidienne. Ce sont là des avantages qui font du QE une pratique particulièrement adaptée, aussi bien à un moine, qu'à un magnat de l'industrie, ou à une mère célibataire de trois enfants. Pratiquez le Quantum Entrainment à longueur de journée et tous les jours. Faites-le en tant que pratique se suffisant à elle-même, ou bien associez-le à d'autres méthodes de développement de la conscience afin d'en accroître l'efficacité. Ajoutez le QE en fin de méditation ou bien pour terminer une prière, pour clôturer une réunion d'affaires ou bien lorsque vous êtes coincé dans un embouteillage, ou encore lorsque vous attendez à la caisse « moins de dix articles », énervé et les bras chargés. Exécutez fréquemment cette chose extraordinairement simple et soyez le premier à témoigner des transformations miraculeuses qui surviennent dans votre vie.

Si vous ne croyez pas tout ce que j'avance, alors vous devez au moins relever le défi. Car si je me trompe, il n'en reste pas moins que nous autres humains, nous sommes mis dans une situation extrêmement critique et il se trouve que vous n'avez de toute façon pas grand-chose à perdre. Et même sans cela, vous disposez là d'un formidable outil pour guérir les foulures, les indigestions ainsi que les cœurs brisés et autres fêlures du même genre. Mais si je suis dans le vrai, vous serez l'un des premiers à vous éveiller à la lumière d'une vie de prospérité et de paix. Il n'y a qu'une seule chose qui vous retienne et c'est l'idée que cela soit impossible. En fait, le seul préjugé que vous deviez faire tomber est celui qui vous empêche de faire le premier pas. Après, c'est facile. Cela me rappelle un dialogue entre Alice et la Reine Blanche, dans *Alice au pays des merveilles*, de Lewis Carroll :

– « Ça ne sert à rien d'essayer, dit Alice, on ne peut pas croire une chose impossible. »

– «Vous n'avez pas beaucoup essayé si j'ose dire » dit la Reine.

« Lorsque j'avais votre âge, je m'y attelais toujours, une demi-heure par jour. Tiens, d'ailleurs, il arrivait parfois que j'aie déjà cru en six choses impossibles, avant le petit-déjeuner. »

Je ne vous demande même pas de changer de croyances. Les croyances ne changent pas notre monde, la conscience, oui. Donc, gardez vos croyances si vous voulez, mais surtout, soyez conscient. La conscience fera en sorte que vous conserviez ces croyances qui sont les vôtres, si elles sont fonctionnelles et fera disparaître tout doucement, celles qui ne servent pas, aussi bien l'individu que le monde.

Pratiquez le Quantum Entrainment le plus souvent possible, avec un à-propos ludique. Devenez l'enfant qui explore son monde, les yeux grands ouverts. Quelle était la dernière fois, dans ce monde fiévreux, où vous vous êtes laissé aller à la magie de l'instant ? Vous souvenez-vous de la joie que l'on éprouve, lorsqu'on est allongé dans l'herbe, occupé à embrasser le ciel et tous ses nuages, qui s'étirent et glissent dans l'immensité du bleu ? Vous n'aviez alors sans doute pas reconnu la conscience pure, qui émergeait au milieu d'un profond sentiment de paix et de joie. Maintenant que vous connaissez la conscience pure, laissez-là vous envelopper totalement de ses bras. Servez-vous de ce qui vous appartient déjà. Guérissez votre monde et de là, vous guérirez le nôtre, une âme après l'autre.

Vous pouvez contacter Frank Kinslow à l'adresse suivante :
www.QuantumEntrainment.org.

Tant que vous y êtes, informez-vous des dernières nouvelles relatives au Quantum Entrainment ; prenez rendez-vous pour une séance de QE à distance avec Frank. Ne partez pas, je vous en prie, sans passer par le blog et découvrez comment les autres distillent la guérison et la paix dans leurs vies. Profitez-en pour poser des questions et partager les expériences et les pensées que vous inspire le Quantum Entrainment. Cela nous fera le plus grand plaisir. Et surtout, ne passez pas en touriste. Rendez-nous visite souvent et prenez part à la dynamique et à l'enthousiasme de ce grand mouvement dirigé vers la sérénité individuelle et la paix dans le monde.

GLOSSAIRE

DAVID JOSEPH BOHM (1917-1992)

Physicien américain qui a apporté une importante contribution en physique quantique, physique théorique, philosophie et neuropsychologie. Il est à l'origine de la théorie de *l'ordre implicite* (implicate order) selon laquelle l'espace et le temps ne sont que des aspects relatifs à l'ordre dit explicite, que nous connaissons. Celui-ci ne rend pas compte d'un ordre plus profond dans lequel l'espace et le temps ne sont plus déterminants. Selon l'ordre implicite, il n'existe pas de séparation entre la conscience et la matière. L'esprit et la matière sont perçus comme des projections dans notre ordre explicite, de la réalité sous-jacente, l'ordre implicite.

L'INCONSCIENT COLLECTIF

Selon Carl Jung, le créateur du concept, « les instincts et les archétypes constituent l'ensemble de l'inconscient collectif. « Je l'appelle « collectif », parce que, au contraire de l'inconscient personnel, il n'est pas fait de contenus individuels plus ou moins uniques, ne se reproduisant pas, mais de contenus qui sont universels et qui apparaissent régulièrement. »

Carl Gustav Jung, psychiatre suisse (1875-1961), fondateur du courant de la psychologie analytique. (Source : Wikipédia)

CHAMP MORPHOGÉNÉTIQUE

Ou « champ morphique », « résonance morphique » ou « champ de forme » est une expression qui définit un champ hypothétique qui contiendrait de l'énergie sans être constitué de matière (atomes, électrons...). Ces champs seraient déterminants dans le comportement des êtres vivants, qui hériteraient d'habitudes de l'espèce, par « résonance morphique. » Rupert Sheldrake, docteur en biologie et auteur anglais né en 1942, ayant développé le concept de « résonance morphique », qui utilise la notion ancienne de « champ morphogénétique », suggérée dans les années 1920. (Source : Wikipédia)

Achevé d'imprimer en mars 2017
sur les presses de la **N**ouvelle **I**mprimerie **L**aballery
58500 Clamecy
Dépôt légal : novembre 2015
N° d'impression : 703331

Imprimé en France

La **N**ouvelle **I**mprimerie **L**aballery est titulaire de la marque Imprim'Vert®